农村经济发展与经营管理丛书

主编　晋保平　蔡　昉

中国农业保险概述

宋英杰　编著

中国社会出版社

图书在版编目（CIP）数据

中国农业保险概述/宋英杰编著．—北京：中国社会出版社，2006.9

（农村经济发展与经营管理丛书/晋保平，蔡昉主编）

ISBN 978－7－5087－1218－5

Ⅰ．中…　Ⅱ．宋…　Ⅲ．农业—保险—研究—中国

Ⅳ．F842.66

中国版本图书馆 CIP 数据核字（2006）第 101213 号

丛 书 名：农村经济发展与经营管理丛书

主　　编：晋保平　蔡　昉

书　　名：中国农业保险概述

编 著 者：宋英杰

责任编辑：张国洪

出版发行：中国社会出版社　邮政编码：100032

通联方法：北京市西城区二龙路甲 33 号新龙大厦

电　话：（010）66080300　（010）66083600

（010）66085300　（010）66063678

邮购部：（010）66060275　电传：（010）66051713

网　　址：www.shcbs.com.cn

经　　销：全国各地新华书店

印刷装订：北京印刷一厂

开　　本：140mm×203mm　1/32

印　　张：5.875

字　　数：147 千字

版　　次：2006 年 9 月第 1 版

印　　次：2014 年 7 月第 7 次印刷

定　　价：9.00 元

总序　造就新农民 建设新农村

李学举

党的十六届五中全会作出了建设社会主义新农村的战略部署。在社会主义新农村建设过程中，大力发展农村文化事业，努力培养有文化、懂技术、会经营的新型农民，既是新农村建设取得进展的重要标志，也是把社会主义新农村建设不断推向前进的基本保证。

为落实中央的战略部署，中央文明办、民政部、新闻出版总署、国家广电总局决定，将已开展三期的“万家社区图书室援建和万家社区读书活动”由城市全面拓展到农村，“十一五”期间计划在全国三分之一以上的村委会开展农村图书室援建和读书活动，使两亿多农民由此受益，让这项造福城市居民的民心工程同时也造福亿万农民群众。中央领导同志对此十分重视，中共中央政治局委员、国务院副总理回良玉同志作出重要批示：“发展农村文化事业是新农村建设的重要内容，也是农村发展中一个亟待加强的薄弱环节。在农村开展图书室援建和读书活动，为亿万农民群众送去读得懂、用得上的各种有益书刊，对造就有文化、懂技术、会经营的新型农民，满足农民全面发展的需求，将发挥重要作用。对这项事关农民切身利益、事关社会主义新农村建设的重要活动，要精心组织，务求实效。”

中共中央政治局委员、中央书记处书记、中宣部部长刘云山同志也作出重要批示。他指出：“万家社区图书室援建和万家社区读书活动，是一项得人心、暖人心、聚人心的活动，对丰富城市居民的文化生活、推动学习型社区建设发挥了重要作用。这项活动由城市拓展到农村，必将对丰富和满足广大农民群众的精神文化生活，推动社会主义新农村建设发挥积极作用。要精心组织，务求实效，把这件事关群众利益的好事做好。”

为了使活动真正取得实效，让亿万农民群众足不出村就能读到他们“读得懂、用得上”的图书，活动的主办单位精心组织数百名专家学者和政府相关负责人，编辑了“建设社会主义新农村书屋”。“书屋”共分农村政策法律、农村公共管理与社会建设、农村经济发展与经营管理、农村实用科技与技能培训、精神文明与科学生活、中华传统文化道德与民俗民风、文学精品与人物传记、农村卫生与医疗保健、农村教育与文化体育、农民看世界等10大类、1000个品种。这些图书几乎涵盖了新农村建设的方方面面。“书屋”用农民的语言、农民的话，深入浅出，使具有初中文化水平的人就能读得懂；“书屋”贴近农村、贴近农民、贴近农村生活的实际，贴近农民的文化需求，使农民读后能够用得上。

希望农村图书室援建和农村读书活动深入持久地开展下去，使活动成为一项深受欢迎的富民活动，造福亿万农民。希望“书屋”能为农民群众提供一个了解外界信息的窗口，成为农民学文化、学科技的课堂，为提高农民素质，扩大农民的视野，陶冶农民的情操发挥积极作用。同时，也希望更多有识之士参与这项活动，推动农村文化建设，关心支持社会主义新农村建设。

值此“新农村书屋”付梓之际，以此为序。

目　录

第一章　农业及其风险

第二章　保险及农业保险

第三章　我国农业保险的发展概况

第四章　种植业保险

第五章　几种主要农作物保险

第六章　林木及水果保险

第七章　养殖业保险

第八章　农业保险的实务管理

第一章　农业及其风险

农业保险是现代社会为农民生产生活提供保障的一种方式，在为大家介绍农业保险之前，我们先来看一下农业生产都有哪些特点。虽然大多数农民朋友都有丰富的农业生产经验，但我们这里主要是对农业生产当中遇到的灾害和风险做一些介绍，让大家了解我们为什么需要农业保险。

第一节　农业及其特点

一、什么是农业

说起农业，大家会觉得再熟悉不过了，对农业是做什么的，都能说出个一二三来。那么农业的定义是什么呢？具体说来，农业就是人们利用动物、植物以及微生物的生物机能，通过自己的劳动去强化或控制生物生命，以取得符合社会需要的产品的生产部门。

我们从农业的定义可以看出，农业生产包括了两个方面：一个是动植物自身的生长过程，一个是人们的劳动过程。也就是说，农业生产要符合动植物的生长规律，要受到土壤、气候、降雨量、光照等自然环境的影响；同时，农业生产也离不开人们的劳动，人们通过自己的劳动去干预动植物的生长过程，使它们生长出符合人们需要的产品。

需要注意的是，动植物自身的生长是人们进行生产劳动的条件，有了动植物自身的生长，人们才能通过劳动去干预，所以人们的劳动要受到动植物生长规律的制约。当然，这并不等于人在自然面前无能为力，特别是在科学技术不断发展的今天，人们可以不断改造生产工具，通过改进生产技术和生产方法，更好地去利用自然规律，进行农业生产。

根据农业中不同生产的特点，我们把农业分为两大类：种植业和养殖业。其中，种植业包括农业（农作物的栽培）和林业（林木及水果栽培）；养殖业包括畜牧业（禽畜饲养）和渔业（水产养殖）。

二、农业有什么特点

从农业生产在国民经济中的地位、动植物生长特点以及农业受市场的影响几个方面来看，农业有以下几个特点：

1. 农业是人们的生存之本，是国民经济的基础产业

农业是个古老的产业。人们的基本生活资料来源于农业，离开了农业提供的食物，就谈不上人类的生存和生活。尽管现在的科学技术发展得很快，但人们对食物这种生活必需品的需要没有改变，也很难改变，农业的基础地位不会因为科学技术进步而发生改变。农业作为第一产业，在为我们的社会提供赖以生存的农产品的同时，还是第二、第三产业的基础。我国工业原料的40%、轻工业原料的70%都来自于农业，农产品的价格波动，会带来工业甚至整个国民经济的波动。农业稳定了，国家才能稳定；农业不稳定，会对整个社会造成影响，这些都已经被历史所证明。

2. 农业受动植物自身特性和自然环境的影响

农业生产是利用生物的生命过程来进行的。人们利用动植物的花朵、枝叶、果实生产出符合自己需要的产品，不能随意地改变生物的生长时间和生长周期，科学技术也是建立在尊重自然规律的基础上的。农民一年中生产劳作的时间要符合生物需要，什么时候该播种，什么时候该打药，要符合生物的生长周期，否则，“人误地一

时，地误人一年”，违背自然规律，必然会遭到自然的惩罚。我们可以通过塑料大棚技术种植不同季节的蔬菜，但必须为植物提供合适的温度和水；我们可以用嫁接技术使瓜变得更大更甜，但无法让西瓜种子结出南瓜。各种科学技术的应用都是以植物本身的生长特性为前提条件的。

同时，农业生产要受到自然环境的影响和制约。农业生产对自然环境的依赖性较强，自然环境中千差万别的水利、气候、土壤等条件决定了农业生产的地域性差异，不同的地理环境适合不同的农业生产。同时，像暴雨、冰雹、大风和病虫害等一些难以预测的自然灾害也会对农业造成影响。正如我国南方雨水多，适合种植水稻，而北方则适宜种植小麦一样，不同的农作物有着不同的适合生长的地域和气候。农业生产就是要针对不同的地域环境，利用自然优势，避免自然劣势，使生产便于进行。

3. 农业生产受市场因素的影响较大

农民进行农业生产，目的是为社会提供农产品，以满足社会的需要。同时，把自己的产品拿到市场上去销售，获得利益，满足农民自己生活的需要。但农产品的一些特点使它在市场竞争中处于不利的地位。

首先，农业生产周期长，并且带有明显的季节性。有的农作物生长周期需要几周，有的则需要几个月甚至几年。因此，农业生产资金周转慢，投放在农业生产当中的资金要到农产品售出以后才能收回，资金利用率低。另外，一些生产工具在不用期间就闲置了，也不能得到完全有效的利用，有些还会生锈、发霉，容易受到自然的腐蚀和损害。农业的这一特点使它不能像工业生产那样最大限度地利用设备，尽快回收资金。

其次，农产品中有很多都是带有生物特性的产品，像活鸡、活鱼、水果、稻谷等，时间稍长就会发生腐烂变质，销售及时与否对能不能实现农业效益十分重要。在一定时间农产品没有销售出去，后果是难以挽回的。这个特点也给农产品的销售带来困难，不利于农产品进行价格竞争。

再次，农业对市场信号反应慢。本期农业生产是根据上一期的生产销售情况决定的，一旦本期价格发生变化，农业生产很难像工业生产那样及时调整自身产量，不能够立即停产或是减产，也没有办法因为价格较高就拿出更多产品。这种对价格反应速度的相对滞后的特点，同样不利于农业同工业进行竞争。

农业生产的一些特点决定了它的重要性，一些特点也使它在市场竞争中处于不利地位，给农民朋友在市场竞争中带来了一定的困难。

第二节　农业中存在的风险

一、什么是农业风险

农业的一些特点决定了农业在很大程度上依赖于自然力，受到大自然中许多条件的制约。在农业生产过程中经常会遭受到来自自然界的风险。

我们给农业风险下个定义：农业风险是指人类在农业生产经营过程中由于灾害所导致的财产损失、人身伤亡或其他经济损失等风险损失的不确定性。从农业风险的定义我们可以看出，农业风险是针对农业生产经营过程的，在农业生产过程中产生的；风险应该是由灾害造成的而不是人为的；尤其应当注意的是，农业风险所造成的损失是不确定的，农业风险会不会发生，什么时候发生，会造成多大的损失，这些在灾害发生之前都是无法准确预计的。

农业与大自然打交道的特点决定了农业生产者要面对大自然中

各种恶劣气候、病虫害，面对它们给农业生产带来的损失。这些灾害虽然在某个地方、某一年不一定发生，但从全省以至全国来看，灾害的发生是一定的。同时，我们前面讲到，农业生产者要把自己的产品卖出去，获得经济效益，就要跟市场打交道，但农业自身的一些特点决定了农产品在市场竞争中处于不利地位。农业的这些特点决定了农业在生产和经营过程中必然会面临风险。

二、农业风险的分类及特点

根据农业风险发生的原因，我们通常把农业风险分为自然风险、经济风险和社会风险三大类。下面，我们就每一类风险进行简单的介绍。

1. 自然风险

自然风险是由自然现象发生异常引发自然灾害造成的风险。农业生产活动周围的地形、土壤、水文、气候、植物等是农业生产的自然条件，自然条件一般是人类难以控制的，恶劣的气候、地壳的变化以及动植物疾病的发生都会带来自然灾害。

农业中的自然灾害主要包括气象灾害和病虫草害。气象灾害中的洪涝、干旱、冰雹、霜冻，还有病虫草害中的各类动植物疾病，都会带来农业风险。

由于我国地域辽阔，不同地方气候差别比较大，几乎每年都会有各种各样的自然灾害发生，是世界上农业自然灾害发生较多的国家。灾害种类多，发生频繁，受灾面积广，成灾比例大。据统计，仅2000年，全国农业受灾面积达5469万公顷，成灾比例达62.9%，给农业造成了无法挽回的损失。

北方的雨水少，干旱现象比较普遍，在农作物播种期、水分临界期和谷类的灌溉成熟期均会对农作物造成影响，同时也给林木及畜禽生长带来危害；南方因为暴雨和持续阴雨，雨量过于集中，以致山洪暴发、河流泛滥或低地积水，造成植物被淹没或冲毁等现象，不但破坏农业生产，严重的还会威胁人们的生命财产安全；发生在我国西北、华北和西南等内陆地区的冰雹，由于其来势猛、强度大，虽然范围小，时间也不长，可是一旦发生，带来的灾害却是毁灭性的，会造成严重的损失；而在春天和秋天，又是霜冻多发的季节，霜冻发生没有明显的地域性，全国大部分地区都有可能发生。霜冻对农作物的危害是很大的，喜温的蔬菜遭受霜冻会大量死亡，未吐絮的棉桃遇到霜冻，产量和质量都会下降，短时间的严重霜冻可能冻死大片的果树和经济林。像这样的气象灾害在我国各地经常会发生，给农业生产造成不同程度的损失。

农业自然灾害中的病虫草害，种类多、分布广、危害大，会给处于生长期的农作物、林木、牲畜甚至水产品带来损失。即使处于收获期的农产品，也有遭受病虫害侵袭的可能。一些病害，比如瘟病、炭疽病、口蹄疫、肺疫、结核病等动物疾病，会导致大牲畜、中小家禽及水产品的死亡或丧失免疫力。传染病的发生，更是会让流行区内的畜禽短期内大量死亡；而一些植物疾病会让植物变色、腐烂、萎蔫、畸形以及出现斑点、霉状物、粉状物、胶状物等等。植物病害种类繁多。以小麦为例，有小麦霜麦病、小麦锈病、白粉病等等，一旦发病，会造成农作物成片死亡。像小麦锈病，它会使小麦一般减产 5%～10%，重的减产 20%～30%，甚至达到50%～80%；另外，虫害也是农业生产过程中的一大危害。害虫种类多、分布广，几乎所有庄稼都难以幸免。据统计，中国水稻害虫有 250 多种，小麦害虫有 120 多种，玉米害虫有 50 多种，棉花害虫有 300 多种。虽然防治害虫的各种农药也在不断增加，但由于生态环境的变化，害虫的变异速度也在加快，而且，农药会对人类的身体健康造成危害，不宜过度使用，这都给病虫害的防治造成难度。

此外，草害也是影响农作物生长及水产品生产的因素之一。杂草与农作物争夺阳光和养分，是各类病虫害的传播渠道之一，会直接对农作物的产量和质量造成影响。

下面举我们身边的一个例子。最近一两年发生在我国一些地区的禽流感，使许多农户饲养的鸡群大量死亡。因为这种病毒的传染性极强，短期内使受灾面积迅速扩大，从某一户很快传染到某一地区，甚至传染给人类，不仅给农民和社会带来经济损失，还威胁到了人类的生命安全，给我们的生产和生活造成了极大混乱。

可以看出，农业生产自然灾害种类繁多，而且由于自然因素的不确定性，各种灾害很难预见，无论是农业气象灾害还是病虫草害都会给农业生产带来风险。

2. 经济风险

经济风险一般指在商品生产和购销过程中，由于经营管理不善、市场预测失误、价格波动、消费者需求变化等带来的经济损失的风险，也包括经济政策的改变可能造成的经济损失。

农业生产效益的实现最终离不开市场，农产品要拿到市场上卖出才能实现它的价值，农民才能收回成本，得到经济利益，才能继续下一轮的生产。在农产品市场交换的过程中，不可避免地会遇到由市场种种情况的变化所带来的风险。农业中的经济风险主要来自价格的波动。农业生产中，种子、肥料、农业机械等生产资料的价格变化，农产品本身的价格变化，都给农业生产带来了不确定性。

在今天的市场经济条件下，价格受到供求关系的影响。什么是供求关系呢？它主要有三种情况：供过于求、供不应求和供求平衡。在一定时期内，农产品生产的多了，但是人们需要的数量没有发生变化，市场上供应的多但是需要的少，农产品价格就会下降，这就是供过于求的情况；相反，生产的少了，需求不变，价格就会上升，这就是供不应求的情况；至于第三种，也就是供求平衡的情况，是指市场上的供给和需求刚好相等，这种情况很少出现，几乎是没有的。

我们前面讲过，农民当年生产农作物的数量是根据上一年的销售情况确定的，如果上一年市场上一种农产品供给少了，价格较高，农民就可能在今年多生产这种农产品，当许多农民都这么做的时候，这种农产品今年就会供给过多，价格就会下降，给农民带来经济损失。比方说，去年苹果销路好，价格高，一些农民从种苹果中获得了利益，于是今年就有更多的农民选择种苹果。到了收获期，苹果产量就增加了，但人们需要的苹果数量却没有改变，于是苹果价格下跌，收益减少。当然，也有许多农民可能会意识到这一点，虽然去年销路好，今年也不会选择种苹果，这就不会造成今年苹果因为供给过多而使价格下降的结果。这样一来，谁也不知道别人都作出什么样的决定，今年苹果的价格是上升还是下降就很难确定，农民的选择就很困难。农产品生产周期长，不像工业品那样可以随时根据市场需要调整产量，来避免产品卖不出去或是不够卖的情况发生。农产品的这一特点，使农产品不能随时适应价格变化，由于农产品价格波动带来损失的风险很难回避。

即使农产品本身的价格变化不大，也有可能因为农业生产资料价格的变化导致生产成本投入的增加，使农民实际获得的收益减少。由于一些原因，农民需要的生产资料，比如化肥价格上涨了，这会使农产品的生产成本增加，但当年农民生产的农产品价格却没有上涨，这样一来，农民实际获得的收益还是下降了。生产资料的价格是农民难以控制的，但又是农业生产所必需的，不会因为市场价格的变化而改变购买的数量，成本的上升是难以避免的。

由此看来，市场上的价格变化很难预测也很难避免，它会给农业生产带来风险。

3. 社会风险

社会风险是指由于各种社会因素可能导致损失所发生的风险。

就农业而言，社会风险主要包括以下几种：

（1）由政策变化、政局变化、战争、罢工等原因带来的政治风险。战争、动乱的发生不是某一个人可以控制的，造成的结果也难以预料，这些事件的发生会给农业生产带来不可预知的风险。可能会造成农田的毁坏，也可能会耽误生产经营的时机，或是给生产资料的购买和农产品的出售带来困难。

政策的变化也有可能给农业生产带来不利。例如增加农民的赋税，人为降低农产品的价格，会降低农民生产的积极性，减少农业投资，造成农业风险。即使是一项促进农业发展的政策，也可能存在其他风险。比如说，党的十一届三中全会以后，我国广大农村推行家庭联产承包责任制，大大推进了农、林、牧、副、渔多种经营的商品生产，全国出现了大批勤劳致富的重点户、专业户、经济联合体。但是由于生产规模的扩大，专业化和社会化的提高，农药、农业机械大面积使用，农民投入的生产资料和资金都比过去增加了很多，虽然农民的收入增加了，但同时也使农民承担的经济责任和经济风险增加了。

（2）由于个人或团体的过失、不当行为或是故意行为造成的火灾、投毒、恶意破坏等道德风险以及因为管理不善、操作不当、管理人员贪污或失职等原因带来的管理风险。

如果说得严格点，火灾是在自然风险和社会风险之间的风险，但是因为大部分的火灾是由于人类的不当行为引起的，我们就把它归于社会风险。火灾在农业生产中是较为严重的一种风险，森林及收获期的农作物都视火灾为一大害。对于火灾，我们应当重点防范。

除了火灾，盗窃、投毒等恶意破坏是人们在社会交往中，由于各种复杂的关系所导致的，纯粹是人为的，是纯粹的社会风险。由于人力有限，农民生产的粮食、养殖的畜产品或水产品不可能随时都有人看管，容易被不法分子钻空子，发生盗窃行为。至于投毒或其他的恶意行为，也同样难以预料和防止，这都会给农业生产带来风险。

另外，由于投入到农业经营管理上的力量不足，比如，管理人员素质不高，管理能力不强，工作不认真，玩忽职守，甚至贪污腐败，都有可能给农业生产经营带来损失。

（3）由于科学技术的进步带来的风险。这一点听起来好像有点奇怪，科学技术进步不是让我们的生产变得更容易吗？的确，一方面科学技术的进步，新产品、新技术、新设备的推广和应用，变畜力、人力为机械化操作，使农业生产率得到进一步提高。但另一方面，科学技术的进步也带来了其他的风险。

现举一些例子。大家知道，农药的使用使得农作物的病虫害数量减少了，但也可以看到，大量使用农药也给人类自身的健康带来了威胁。并且，农药投放不合理或是不小心也给家畜、家禽带来了危险，使它们可能因为误食而中毒死亡；同样，化肥的普遍使用提高了农作物的产量，但同时也造成土壤板结，有机质含量降低；另外，这些新的科技产品的购买，也给社会上投机钻营的分子提供了机会，把伪劣农药、种子、化肥、农业机械卖给农民，不仅骗取了钱财，更重要的是给农业生产带来了困难，也增加了农民的损失。

由此看来，许多科学技术的应用在给农业生产带来好处的同时，也带来了潜在的、难以预知的风险。

从以上分析中我们可以看到，在农业生产过程中，农业必须跟自然打交道，必须参与到市场当中去，必须受社会环境的制约，农业的这些特点，使它必然要面对各种各样的风险，这些风险的存在给农业生产带来了许多的不稳定因素和难以预知的危害。

三、农业中的风险管理

1．什么是农业风险管理

农业风险管理是一个组织或个人为了降低农业风险损失而进行

的管理决策的过程。在农业生产中，由于农业风险的存在，人们就要想办法预防灾害的发生，降低风险。为了达到这个目的，人们必须付出努力，采用各种方法，同时需要付出一定的成本。

农业风险管理的目的，就是在分析农业生产过程中风险因素和风险事故的基础上，选择和采用适当的风险管理方法，争取用最小的成本达到最大的分散风险的效果。也就是说，风险管理就是要通过采用合适的方法，尽量用最少的钱，最大限度地降低农业风险给农业生产带来的损失。

管理农业风险需要付出的成本有许多种。比方说，农户为了防止病虫害给果树带来损害，就要购买农药，通过打药灭虫来控制虫害带来的损失，这就形成了损失控制成本；再比如，农户如果采用购买保险的办法来避免损失，就需要向保险公司交付一定的保险费用，这样，就出现了损失融资成本。避免风险可以采用多种办法，形成各种成本，风险管理的目标就是在预防风险灾害的前提下将诸如上面所讲的各种成本降到最低。

2. 农业风险管理的意义

对风险进行管理，是人们想办法减少自然灾害、经济波动等因素对农业生产带来的损失的过程。不管是对农户，还是对整个社会，都有一定的意义。

对于每一个农户而言，农业风险管理能够减轻农业风险对农村家庭成员身心造成的不良影响，减少农民的对农业风险发生的担忧，并进一步保障家庭的财产安全，为农户提供更为安全稳定的生产经营环境，减少农民的后顾之忧，使农民可以更加专心地投入到农业生产中去，对农业生产更有信心。

对国家和社会来说，农业风险管理也有许多积极意义。我们前面讲过，农业是一个国家的基础产业，只有农业健康、稳定地发展，才能为人民的基本生活需要提供保障，才能为工业提供原材料，保证国民经济的正常运转。国家农业风险管理有助于提高农业经济的稳定性，减少农产品价格波动；有助于为第二、第三产业的发展创造良好的环境，推动国民经济发展；有助于安定农民生活，减少社会动荡，同时，还能够调动农民生产的积极性，使农民增加农业投资，减少土地资源的浪费，实现农业的可持续发展。

3．农业风险管理的方法

农业风险管理既然能够为我们带来这么多的好处，那么，究竟该怎样进行农业风险管理呢？

人们在同农业风险的斗争中，认识了农业风险，也积累了许多处理农业风险的方法和手段。

（1）预防

有一些风险是可以预测到的，人们根据已有的经验预测风险发生的可能性，采取一定的措施使风险不致发生或是发生后不致造成太大的损失，这种措施就是预防。预防的方法有许多种：

第一种，针对不同的风险，采取工程或技术措施，这是人类对风险处理的一种重要方法。比如，为了预防干旱、防灾排涝，人们就兴修水利；为了减少病虫害，人们向农作物喷洒农药；为了预防冰雹带来的灾害，就向冰雹云层发射炮弹，驱散冰雹云层，消除冰雹。随着科学技术的不断进步和创新，人们更有能力面对大自然的威胁，使农业生产进一步稳定。

第二种，通过多样化种植，减少受灾量。不同的农作物对同一种自然灾害的抵抗能力是不一样的，农作物也有一定的自我恢复能力。由于各种灾害不会同时发生，进行多样化种植，不至于各种农作物同时受灾，可以降低风险的损失程度，提高风险应对能力。但这种方法要受到地域的限制。有些地区可以种植的作物种类是有限的，而且，还要考虑到农作物的生长时间，同时种植的农作物要符合各类农作物的生长周期，不能随心所欲。

第三种，建立准备金。就是不把所有的资金完全投放到农业生产中去，而是将一部分保留起来。这样一来，可以增强资金的流动性，在风险发生时，能有一部分资金可以挪用，不至于无法抵御风险而处于被动地位。

（2）转嫁

转嫁是指一个组织或个人为了避免承担风险损失，有意识地将损失或与损失有关的财务后果转嫁出去的一种风险管理方式。就是说，农户为了避免风险，自己不从事有关的农业活动，而是以一定的代价让他人去承担风险。它分为保险转嫁和非保险转嫁两种方式。

保险转嫁方式，是市场经济风险转移的一种主要形式。通过跟保险人签订保险合同，投保人缴纳较少的费用，将未来有可能发生的风险转嫁给承保人，当承保的风险灾害发生后，从承保人那里获得经济补偿。有关农业保险的知识，是本书的主要内容，我们将在后面的章节为大家做详细介绍。

非保险转嫁方式通常采用转让、转包、转租等方式将农业风险转嫁出去。比方说，农民可以自己不种地而将土地转交给他人从事农业生产，自己只收取固定的租金，以此避免农业风险。

（3）救灾和救济

前面所讲到的风险管理方法，主要是用于灾害发生前。事实上，不管风险由谁来承担，它都是会发生的。而且，由于预防灾害发生所需要的费用可能太大，人们不一定会选择采用。有时宁愿风险发生，承担风险带来的损失，也不愿花费大量钱财去预防风险的发生。救灾和救济就是在风险发生后采用的风险管理方法，是政府和社会力量对受灾地区的农户及农业生产给予经济补偿的方式。

风险发生后，国家会给予一定的财政上的支持，拨款给予农民帮助。有时也会利用社会力量，呼吁人们捐款捐物，帮助受灾地区的农户渡过难关，恢复生产。

国家和社会对农业风险的补偿，在一定程度上可以安抚、帮助受灾的农户，使他们能够继续生活，同时维护社会的稳定。但是，由于政府的财力有限，一般只能救济灾害期间的生活，提供生活最低限度的必需品，如棉衣、棉被、口粮等。采用这种方式很难及时恢复和完全补偿农户的损失，灾后很难比较快地恢复到灾前的生产状况和生活水平。因此，救灾和救济在帮助农户抵御风险的能力上是有限的。

比较以上各种方式，进行风险管理，需要考虑管理方法所能达到的效果，同时，也必须考虑风险管理带来的成本。在经过多年的探索和比较并参考了一些国外发达国家的做法后，我们发现，保险作为市场经济下的一种风险管理方法，具有明显的优越性。2003 年，新疆阿克苏地区阿瓦提、新河、沙滩等县遭受了历史上罕见的特大冰雹灾害袭击，中国人民财产保险公司新疆分公司在 7 天内兑现了保险赔款 571 万元，有力地支持了当地的农业生产。保险用多数人的钱办少数人的事，把少数人的重负担变成多数人的轻负担，社会成员相互帮助，共同承担风险。发展农业保险对促进我国农业的持续稳定发展，减轻政府补贴受灾的压力，都具有十分重要的意义。

第二章　保险及农业保险

上一章为大家介绍了农业的特点、农业生产中存在的风险，最后介绍了进行农业风险管理的一些方法。在这些方法中，我们提到了农业保险。农业保险是市场经济中农业生产转移风险、减少损失的一种相对有效的方法，也是本书想要为大家着重讲述的内容。我们会从保险的一些基本概念入手，进而重点介绍农业保险的概念、特点、作用以及其他相关知识。

第一节　什么是保险

一、保险的定义

在了解农业保险之前，我们为大家介绍一下什么是保险。

《中华人民共和国保险法》是这样给商业保险定义的："本法所称保险，是指投保人根据合同约定，向保险人支付保险费，保险人对于合同可能发生的事故因其发生所造成的财产损失承担赔偿保险金责任，或者当被保险人死亡、伤残、疾病或者达到合同约定的年龄、期限时承担给付保险金责任的保险行为。"

法律上主要是从保险业务程序的角度，也就是从保险人和被保险人都需要做些什么、有什么责任和义务上给保险下的定义。我们根据保险的实质，再给保险下一个定义：保险是集合同类风险聚集资金，建立基金，对特定危险的后果提供经济保障的一种危险财务转移机制。

为了理解保险的定义，我们先来看一下社会上为什么会有保险。大家会花钱买件衣服，因为它可以穿，会买票看场电影，因为它可以带给我们精神上的愉悦。那么保险带给我们什么呢？也就是说，我们为什么要去买保险，它能给我们带来什么好处呢？

人们生活在这个世界上，会遇到各种各样的不可预知的事情。有一些会给大家带来经济上的不稳定，有些甚至会威胁人们的生命安全，像疾病、车祸、盗窃、火灾、洪水等，这些难以预料的事情给人们的生活等带来了困难。每个人都希望这些事情不要发生在自己身上。但事实是，这些事情几乎每天都在发生，不是人的能力可以控制的，它们的存在会给人们带来精神上的紧张，打击人们做事情的信心，使人们对生活充满担忧。大家希望找到一种方法，能够减轻这种困扰，减少生活的后顾之忧。

我们知道，一种灾害的发生对某一个人来说可能会造成很大的影响，但是如果有许多人去分担这种损失，那么每个人承担的分量就会变得很轻，就不会对生活造成太大的影响。比如说，一个人被偷走10000元钱可能损失很大，但如果是1000个人一共丢了10000元，那么对每个人来说损失就是微不足道的了，这是显而易见的道理。于是，人们希望能够有一种方法，宁愿付出少量的代价，希望在遭受损失后能够获得补偿，使自己不至于因为灾害的来临遭受难以承受的损失，甚至生活被扰乱。当有许多人都有这种希望的时候，大家就都愿意拿出一些钱来，共同抵御灾害，一旦灾害发生，就把钱用在需要它的人身上，以防灾害发生后个人难以承受。这样一来，就有可能通过每人交纳少量的钱筹集到一笔资金，当灾害发生的时候，拿出这笔钱给受灾的人，减轻灾害给他带来的损失。这样做实际上就像刚才的例子那样，大家共同面对灾害带来的损失，实现了风险的共同分担。我们应该看到，灾害虽然存在，但一般来讲不会在许多人身上同时发生，正是因为这样，大家共同筹集的钱就可以用在需要这笔钱的人身上，使他渡过难关。

有人会问，这样做是不是没有遭受灾害的人就不划算了呢？我们前面讲过，灾害的发生是不确定的，每个人都可能遇到，正是这种不确定性的存在，让人们担忧，干扰人们的生活。虽然交纳费用后灾害没有在自己身上发生，但通过这种方式，人们就不用整天担心灾害的发生会带来难以弥补的损失，从而可以更加安心地工作和生活。因为交纳费用比灾害带来的损失小得多，所以我们可以当作是为了让自己不再为灾害担忧而支付的费用，就像买东西一样，只不过买的不是一种看得见、摸得着的物体，而是一种安心罢了。

有了以上的讲解，我们基本上知道保险是通过什么方式、能够给我们带来什么了。再回过头去看一下保险的定义，它包括了三个要点：

（1）筹集基金。要建立一种保险机制，重要的一点就是要筹集到一笔基金，有足够的能力来承担风险带来的灾害。任何形式的保险，都必须按照法律秩序认可的形式集中保费建立保险基金，这是保证保险正常运行的经济基础。当然，被保险人交纳的保费不是任意定的，需要专业人员运用一定的理论和数学方法确定保费的数额和交付的时间。保费定得高了，大家就不愿意参加保险了，定得太低，又会影响抗灾害的能力，因此，保费的确定一定要合理。而且，交纳保费的时间也应当有明确合理的规定，如果在灾害发生之后再交保费，保险就失去原有的意义了。这一点我们在第三节还要详细讲述。

（2）对特定危险的后果提供经济保障。无论哪种保险，都不会对所有危险和灾害提供保险，而只对法律秩序认可的、在合同规定的范围内履行保险责任。比如人身保险，就只按合同规定的保险金额对被保险人因死亡、伤残、疾病给付保险金。我们知道，同一种危险，并不是所有人遇到的可能性都一样。就像农业保险，从事农业生产的农户们需要，其他人就不需要了。保险公司把保险分类，将面对同一类危险或灾害的人的资金聚集起来，承担这一类风险可能导致的损失。这就是定义中的“集合同类风险筹集资金”。

(3) 财务转移机制。保险不是让危险和灾害不发生，人的生老病死、地震、火灾等灾害和事故依然会发生。保险只是在危险和灾害发生后赔付保险金，给予受灾人以经济上的补偿。也就是说，以前由被保险人承担的损失，现在由保险公司承担了。所以，即使有保险的保障，无论是保险人还是被保险人，依然需要做好防灾防损工作。

以上便是保险的定义以及它的具体含义。

二、保险的职能

由于本书主要讲的是农业保险，这里我们只介绍保险的基本职能。保险的基本职能是由保险的本质决定的，保险集中保费建立保险基金，为特定危险后果提供经济保障。也就是说，保险的基本职能有两个：分担风险和补偿损失。

保险的基本职能是保险之所以发展起来的根源所在，人们对保险的需要决定了保险的基本职能。在人类社会发展的历史进程中，危险和灾害是客观存在的，而且，随着生产力的发展，生产规模的扩大，各种危险的因素也在增加，单个人或单个家庭很难依靠自身的力量加以解决。面对这些危险和灾害给大家的生活所带来的损失，人们寻找办法降低这种损失给人们带来的影响，于是保险产生了，通过保险，人们依靠共同的力量抵御危险和灾害。所以，保险具备以下基本职能：

(1) 分担危险的职能。保险组织向面对相同风险的人收取保险费，建立保险基金，以便在危险发生时，用它来进行补偿。这样做，实际上就是用大家的钱补偿少数人的损失，也就是将风险分担到许多人的身上，大家共同承担，增强了对风险的抵抗能力。

虽然风险对每个人而言不一定会发生，具有偶然性，但对许多人来说，一种风险的发生是有规律可循的。比如火灾在一段时间内在某一区域一定会发生，而且发生次数是基本相同的。这样一来，保险分担风险的职能就一定会体现出来。

(2) 补偿损失的职能。把危险分担给大家的过程也就是对遭受损失的个体进行经济补偿的过程。给受灾人一定的赔偿，减少了危险和灾害带给受灾人的损失，使其利益得到了一定的补偿。

保险的这两个职能是相互联系的，正是通过将风险分担给大家，才有了补偿个人损失的可能性。

三、保险的作用

保险的作用可以从宏观和微观两个方面进行分析，也就是从对国家和社会的作用以及对每个单位或个人的作用两个方面进行分析。

1. 保险对国家和社会的作用

尽管保险最初是因为每个家庭或个人的需要产生的，但经营良好的保险业对整个国家和社会都有积极的意义。主要体现在以下几个方面：

(1) 有助于稳定社会再生产的进行。对于整个社会来说，生产各种产品的各个企业之间是相互联系的，一个企业可能会为几个企业提供原材料，也可能需要其他企业为自己提供产品进行生产，各个企业之间相互往来，一环接一环，使社会生产连续进行。比如纺织业为服装生产企业提供布料，同时，也需要从农户手中购买棉麻作为原材料。现代经济社会中，各个生产部门之间保持着一定的合理的比例，各个部门之间关系密切。这些有密切经济联系的企业，其中任何一个环节出了问题，不仅会给自身带来困难，还会将影响传递到其他企业，给其他企业也带来损失，从而给整个社会再生产带来影响。随着生产的发展，各个部门之间的分工会越来越细，相互联系、相互依赖程度也会越来越高，一旦发生事故，如何把损失控制到最小就显得十分重要。

保险就提供了这样一种途径。保险的基本职能之一就是进行危险损失赔偿，通过参加保险，遭受损失的企业可以尽快获得经济补偿，在最短的时间内恢复生产，不仅把自身的损失降到最低，也防止了损失的扩散，把自己带给其他企业的损失降到了最低，从而使社会生产连续进行。

（2）有助于推动科学技术的发展。我们所处的现代社会，科学技术对经济发展的推动作用越来越明显。一项科技发明、科技创新可能极大地提高生产率，带来巨大的经济效益。对于农业生产来说，发明一项新技术，推出一种新产品，提供一种新设备，更是能够很快提高生产率，减少生产劳作的时间，增加产出。许多企业都把研发摆在重要位置上。但是，开发新技术需要大量的投资，而且每个开发项目也不能保证一定能够成功，根据统计，面向新技术的风险投资，成功率只有三分之一，这样一来，企业进行新技术开发的积极性就会遭到打击，阻碍科学技术的发展。保险能够带给企业这方面的保障，万一技术开发投资不成功，企业可以通过保险来降低损失，保险对新技术的开发，尤其是需要大量投入的科研产品的开发，起到了一定的促进作用。

（3）可以在世界范围内分散风险。随着保险公司规模的扩大，许多保险公司开始跨国经营，外国的保险机构直接到本国开展业务，一旦发生风险，由国外公司承担赔偿责任，风险就被转移到了国外。而且，危险在世界范围内分散，相当于将世界范围内的保险基金联合成一个整体，共同应付危险。就保险的科学基础而言，被保险的对象越多，保险的稳定性就越好，这种保险基金的联合有利于促进各国保险业的发展和世界经济的稳定。

(4) 保险对经济起到稳定作用，进而有助于社会的稳定。由于保险的存在，使企业遭受损失、农业遭受灾害或是个人遇到不测，都可以获得相应的经济补偿，经济中的不确定因素减少，社会上因为遭受巨大危险和灾害而难以生存、流离失所的人减少，人们就能够安心工作和生活，社会的不安定因素也会相应减少，社会治安更稳定，政治也更稳定，社会动荡减少。可见，保险有助于整个社会的良性运转。

2. 保险对每个单位或个人的作用

保险的产生正是源于每个单位和个人的需要，相对于宏观作用而言，对每个单位或个人的作用更加明显。

(1) 有利于受灾企业及时恢复生产。在社会生产中，各种危险和灾害是客观存在和难以避免的，不受人的控制，对每个企业来说，是极其不确定的。对于危险什么时候发生，在哪里发生，会带给我们多大的损失，很难有确定的答案。无论是哪一个企业，危险都防不胜防，一旦发生，会带来巨大的损失，通常单凭自身的力量很难在短时间内把生产和经营恢复到灾害发生前的状态。参加保险，企业就可以很快获得经济上的补偿，较快地恢复生产经营，把危险和灾害带给自己的损失降到最低。

(2) 有利于安定人民生活。家庭是社会的基本单位，家庭的稳定是人们安心从事社会生产的前提，对于社会的稳定具有重要的意义。同企业一样，家庭也会面对自然灾害和意外事故，如洪水、火灾、家庭成员的生老病死等。而且，家庭对这些危险和灾害的承受能力要比企业弱得多。所以，在事故发生后，家庭对外来的经济补偿的需求也比企业迫切。保险给人们的家庭生活提供一定的保障，解决人们的后顾之忧，对每个家庭的稳定起到了一定的积极作用。

从本节我们对保险的定义、职能和作用的介绍，我们可以看到，保险并不是简单的交纳保费和进行保险理赔，保险业的存在源于社会的需要。保险业的发展，不管是对国家、对社会，还是对每一个人，都有一定的作用。保险业的不断发展和进一步完善提高，对于社会的稳定、经济的发展、科技的进步和个人生活的安定都有着积极的作用。

第二节　什么是农业保险

一、农业保险的定义

农业保险是保险业的一个重要组成部分，农业保险有广义和狭义之分，本书所讲的农业保险是狭义的农业保险，指的是种植业和养殖业的保险。

在第一章我们着重讲了农业的特点和农业生产中可能遇到的各种各样的风险，也讲到了一些风险管理的方法，参加农业保险就是其中的一种。我们讲到，农业自身的一些特点决定了农业生产要面临来自大自然的、来自经济的和社会的许多风险，这些风险给农业生产带来了困难。为了减少这些风险带来的损失，农户们需要找到一种方法分担这些风险，避免因为遭受灾害而使生产活动甚至自己的生活受到干扰。在经济发展的过程中，大家找到了一种相对可行的办法，就是通过保险为自己的生产生活提供保障。许多年来，不管是我国还是其他国家，都在努力建立一种操作性强、保障能力高的农业保险制度，为农业生产提供保障。

农业保险就是农业生产者以支付小额保险费为代价，把农业生产过程中由于事故灾害造成的农业财产损失转嫁给保险人的一种制度安排。从农业保险的定义可以看出，跟其他类型的保险一样，农业保险的目的也是为了避免未知的、不确定的灾害所带来的损失。农户通过交纳保费建立基金，用来抵御风险，以便在灾害发生后得到一定的补偿。

农业保险作为保险的一种，具有一般保险的特征：

（1）农业保险具有经济性。农民参加保险的目的、对象和方法，都是为了减少农业生产风险损失的不确定性。灾害发生前，农民缴纳的保费是一定的，但如果灾害发生了，带来的损失则是不确定的。通过参加保险，农民可以将未来可能发生的风险转移，用一定的保费来使未来的收入变得确定，即便发生灾害，将来的收益起码也可以通过保险赔偿达到平均水平。

（2）农业保险具有法律性。农业保险是以法律作为保障，以法律为基础的，按照双方所签订合同的规定，投保人向保险人交纳保费，在合同规定的灾害发生后，保险人按照合同的规定给被保险人提供补偿。

（3）农业保险具有互助性。农民通过参加保险，使个人风险得以转移、分散。保险人通过组织众多可能遇到相似风险的农户参加投保，建立一笔基金，当被保险人因为合同约定风险的发生而遭受损失时，可以从保险基金中获得补偿。这样一来，一个人的重损失就变成了多个人的轻负担，体现了一种“人人为我，我为人人”的社会互助精神。

（4）农业保险具有科学性。农业风险的经营是有一定的科学依据的。一种类型的风险的发生对某个人来说是偶然的，但对众多人来说就有必然性。而且，专家学者们根据以往的经验并且借助一定的科学理论和分析方法，可以推算出这种风险发生的可能性有多大。农户需要交纳多少保费以及灾害发生后保险人需要赔偿多少都要经过精心地计算，确定一个合理的数值。只有这样，农民才愿意参加到保险中来，保险公司也才愿意承担这项业务，农业保险操作起来才有据可循，并且具有科学性。

二、农业保险的分类

按照不同的划分标准，农业生产有不同的分类。

1. 根据农业生产的对象不同分类

（1）种植业保险，是指承担植物性生产的保险标的保险。以各种粮食作物、经济作物、林木、果树为保险对象。比如水稻、小麦、玉米、大豆等粮食作物的保险，棉花、油菜、烟草、甘蔗等经济作物的保险，还有林业中种植的各种木材以及苹果、梨、桃、葡萄等各种果树保险都属于种植业保险。其中，农作物保险一般又分为生长期农作物保险和收获期农作物保险。生长期农作物保险是针对农作物从播种、出苗、生长至成熟期的过程中因保险灾害事故造成的减产损失的一种保险。收获期农作物保险是针对农作物成熟收割以及之后脱粒、碾打、晾晒、烘烤期间所受灾害损失的一种保险。即指农作物从开始收割时起到完成初级加工进入仓库之前这一阶段的保险，是一种短期风险保险，例如收获期农作物火灾保险。

（2）养殖业保险，是指承担动物性生产的保险标的保险。以各种畜禽和水产动物为保险对象。它包括对马、牛、牦牛、骆驼等大牲畜的保险，对猪、羊、鸡、兔等家畜、家禽的保险以及对鱼、虾、牡蛎、蛤蜊等水产类的保险。

2. 根据保险的范围不同分类

（1）单一风险保险：即只承保一种责任的保险。如小麦雹灾保险、林木火灾保险等。

（2）多风险保险：即承保一种以上可列明责任的保险。如水果保险可以承保风灾、冻害等。

（3）一切险保险：即除了不保的风险以外，其他风险都予以承保的保险。这种形式的保险目前在我国还没有开展，但国外一些国家已经尝试开办。

3. 按保障程度不同分类

（1）成本保险，即以生产投入作为确定保障程度的基础，根据生产成本确定保险金额的保险。一旦灾害发生，承保人根据农户进行农业生产的投入量进行赔偿。农业生产不是一次投入就能完成的，播种、施肥、收割的费用随着时间而增加，所以生产成本也是随着动植物的生长期增加的。因此，成本保险一般采用变动保额，按生育期定额保险的方式进行。也就是说，在动植物生长的不同阶段遇到灾害，发生损失，农户得到的补偿是不同的，每一阶段根据已经投入的成本确定保额。

（2）产量保险，又称为产值保险，即以生产产出作为确定保额程度的基础，根据产品产量确定保险金额的保险。如果以实物量计，比如按产出多少斤小麦计算保险，称为产量保险；如果以价值量计，比如按产出的小麦价值多少元计算保险，称为产值保险。由于农产品产量是在生产过程结束时最终形成的，因此产量或产值保险一般采用定额保险的方式进行，即按照正常产量的一定成数（比如70%）承保。之所以不足额承保，主要是为了控制道德风险，防止被保险人因为有保险作保障而不认真从事农业生产。

4. 按交费方式不同分类

（1）短期农业保险：是指保险期限一般不超过一年的保险，投保人如果想连续投保，需要在每次投保时按合同规定直接交费。

（2）长效储金型农业保险：保险期限一般在三年以上，投保人投保时交纳一定数额的储金，以储金的利息作为保费，在保险期限内不需要年年交费。如小麦储金保险、林木储金保险等等。

三、有关农业保险的几个概念

为了能够让大家更好地理解农业保险知识，也为了我们下面讲述的方便，首先跟大家介绍几个有关保险的概念：

（1）保险标的。就是保险的对象，是指保险人敢于对其承担保险责任的各类风险客体。简单来说，就是我们将什么投了保，比如，我们将种植的小麦投保，小麦就是保险标的。

（2）保险金额。保险金额是农作物发生损失时，保险人向农民提供的经济补偿的最高限额。也就是说，发生灾害后，保险公司向农民赔偿多少钱。保险金额是对灾害损失提供的补偿，因此，它不会超过农民在没有发生灾害时获得的正常收入。在正常的产量限度内，保险金额越高，农民可能得到的赔偿就越多；反之，得到的赔偿就越低。保险金额一般是由保险公司依据实际情况具体制定的。

对于农业来说，保险金额的确定主要分为两种情况。一种是根据农作物的产量确定的，比如，灾害发生后，赔偿农作物正常产量的70%；另一种是按照生产成本确定的，也就是保险公司赔偿农民从事某项生产所花费的成本的一定数额。我们刚刚讲了，根据这两种情况，农业保险分为产量保险和成本保险。

（3）保险费率。保险费率是保险人根据保险责任范围的大小、保险标的损失概率以及损失程度、经营费用高低等因素而确定的单位保险金额和所收保险费的比率，通常以每百元或每千元的保险金额应缴的保险费来表示。比如说，如果保险费率规定为0.02%，也就是保险公司每赔偿100元，要向农户收取0.02元保费。可以看出，保险费率定得越高，农民交纳的保费就越多；反之，越少。

保险费率是保险人向被保险人收取保险费的标准和依据，由保险公司具体制定，需要考虑多方面的因素。它主要由纯费率和附加费率构成。纯费率是根据承保的风险带来的损失程度来确定的，损失程度大，保险费率就高。附加费率是保险费率中的次要部分，占的比例较小，它的收取主要是为了负担保险人在开展业务时所需要的各种费用。

当然，保险费率的制定也受到保险金额多少的影响。保险金额定得高，灾害发生后保险公司赔偿的数额就高，保险公司需要在事前收取比较高的保险费才能提供较高的赔偿额，保险费率自然也就比较高。

（4）保险费。保险费简称保费，是投保人为获得经济保障而交纳给保险人的费用。根据保险费率和保险金额可以确定交纳保险费的具体数额。

（5）保险赔付率。保险赔付率是灾害后保险人赔款的数额和被保险人所交保费数额的比率。

$$保险赔付率=\frac{赔款数额}{保费}\times 100\%$$

从公式可以看出，保险赔付率高，说明保险公司赔偿的数额多或是农户交纳的保费少。对参加保险的农户来说；得到的赔偿多，是有利的；但对保险公司来说，就是需要赔偿更多的钱，或者收取更少的保费，这对于保险公司的经营是不利的。相反的情况，保险赔付率低，则会提高保险公司的收入，而农户就要交纳比较多的保险费。

为了保障农民和保险公司双方的利益，就应当制定一个合理的保费，既能够保障农民的利益，又能够维持保险公司的正常经营。

第三节 农业保险的必要性和作用

我国正处于不断完善市场经济体制的新时期，市场经济的发展对传统的农业生产模式提出了挑战，对农业经营提出了新的要求。农业生产正朝着规模化、机械化、现代化转变。现代农业生产经营方式对农业的保障措施也提出了新的要求，农业保险作为一种有效的风险管理措施，它的发展和完善对农业生产和社会主义现代化建设十分必要。

一、农业保险的必要性

在本章第一节，我们向大家说明了保险的概念，以及保险的职能和作用。农业保险作为保险的一个部分，除了具有保险的一般职能和作用之外，也有它自身的职能和作用。

1. 农业生产的自然风险和生产的不稳定性需要保险保障

农业是直接同自然打交道的产业，一方面它利用动植物的生长过程进行生产，另一方面也受到来自大自然的影响。自然条件、气候环境的变化使农业生产中的资金投放、物料消耗、产品收获、资金回收都带有明显的季节性和不稳定性。科学技术的发展增强了我们抵御灾害的能力，但自然灾害带来的风险并不能完全避免，而且，经济的发展也会带来新的风险。

自然灾害带来的损失，给农民生产和生活带来困难，农民的生产积极性受到影响。因此，农业生产的不稳定性需要保险保障。

2. 农村市场经济的发展需要多种农业保险

随着社会主义市场经济的发展，农村市场经济体制也进一步建立和完善起来。广阔的市场空间，为农民提供了更多的发家致富机会，我国农村经济正以前所未有的规模和速度蓬勃发展。

市场经济，使每一个农户、每一个乡镇企业都成为面临市场的独立的商品生产者，农业生产不再是为了自己自足，而是为了满足国家和人民对农副产品的需要，满足市场的需要。在农业生产中，投入的生产资料，使用的技术设备，都比以前大得多。过去，农民养几只鸡可能只是为了换些零用钱，即便鸡死掉，也不会给生产带来太大的损失。现在的养鸡专业户可能经营着较大规模的养鸡场，一旦出现瘟疫，鸡群大量死亡，可能会给农民带来难以承受的损失。原来家庭养鸡不需要保险，而现在就显得十分有必要了。

此外，在农村进行商品生产，发展多样化经营，对保险也产生了多样化需求。经营种植业的承包户、专业户要求开办作物保险；经营养殖业的专业户、养殖场要求开办畜禽保险、水产保险。各种经营的开展对保险业的险种、承保方式等提出了进一步要求，迫切需要农业保险经营的进一步完善。

3. 农业经济的可持续发展需要建立农业保险

社会的发展是持续进行的，农业的发展也不例外。农业源源不断地为人民提供衣食，为工业提供原材料，如果因为遇到灾害而中断，必然会对人民生活和工业生产带来影响，使整个社会的再生产不能健康、持续地进行。

因此，在一次生产结束后，农民还必须为下一次生产留够准备资金，为扩大生产规模积累一定的资金。同时，由于农业生产受自然条件影响较大的特点，农民还必须建立应付自然灾害的后备基金或保险基金，使农业生产不会因为一次灾害或事故就瘫痪，影响农业生产的持续进行。

受到经济发展水平和农民收入水平的限制，我国农村没有建立充裕的自留后备，除了购买种子、化肥、饲料等农业生产必需的生产资料外，农民没有多余的钱应付灾害损失。遇到严重的灾害，通常由国家拨付救济资金，或由民政部门下发救灾专款给农民提供食品、衣物等临时救济。受到国家财力的限制，农民的损失不能得到全部的补偿，农业生产很难短期内恢复。保险则提供了一种相对科学的方法，在灾害发生后，能够对农民提供一种更为有效的保障，使农民的大部分损失得到补偿，有利于农民快速恢复生产，更有利于保障整个国民经济的良性运转。

二、农业保险的作用

1. 农业保险的微观作用

农业保险的微观作用主要是针对每个农户而言的，体现在农业保险为每个农户带来的利益上。

（1）有利于减少农业灾害损失，降低农业风险。农业保险贯彻“防赔结合”的管理方针，保险公司通过在承保前进行检查、开展安全宣传、制定防灾预案并加以落实，在农业生产期间进行安全检查、奖励防灾安全工作有成绩的被保险人、实施防灾技术等一系列措施来减少灾害的发生。当灾害发生后，又通过对保险标的的施救和救助，来减少农业灾害带来的损失。

（2）有利于降低灾害对农民生产、生活带来的打击，减少农民收入的波动。有了保险作为保障，即使遇到灾害，农民也可以尽快恢复生产和生活，尽快消除灾害所带来的不良影响。

（3）有利于保障农业投资安全，改善农民经济地位，增加农民收入。有了保险的保障，农民可以放心地加大农业生产投入，扩大农业再生产的规模，使自己的收入增加，改善自身经济地位。而且，农民收入的增加，也使他们获得贷款的能力增强，农民能够更容易、更自由地获得贷款，从而形成良性循环，有利于农业生产的发展。

（4）解除了农民的后顾之忧，促进农业新技术的应用。有了农业保险做后盾，农民不再因为应用新技术而有心理压力，农民可以大胆地采用新技术、新品种、新的生产方式。这就加快了新的科学技术的推广应用，进一步促进了农业现代化的进程。

2. 农业保险的宏观作用

虽然农业保险的建立最初是为了给农民生产、生活提供保障，但是从宏观上讲，农业保险对国家和社会也起着重要的作用和影响。

（1）农业保险提供风险损失补偿，减轻了农业风险对农业生产的威胁，提高了农业生产的稳定性。通过农业保险的方式建立农业风险基金，在灾害发生后，及时、有效地赔偿农业灾害损失，使农业生产迅速恢复，最大限度地消除了农业风险对农业生产的不良影响。而且整个国民经济是相互联系的，农业生产稳定了，农产品的价格波动也会减少，从而使与农业相联系的工业生产也不会因为农产品的价格波动而受较大影响，使国民经济能够健康、稳定地运行。

（2）有利于弥补政府财政救灾资金的不足，减轻政府灾后筹集救灾资金的负担。由于农业风险的存在，政府每年都要拿出一大笔资金来帮助受灾农民度过危机，重新恢复生产。这笔资金是不能随便动用的。有时候，没有发生太大的灾害，不需要用那么多资金，这笔钱就闲置了，政府不能动用这笔款项来进行其他建设，但又不得不准备着；而有的时候，碰上大灾，又会因为资金不够而需要临时筹集，尽管如此，可能还不够用。灾害发生的不确定，对政府财政是一种压力。

通过保险的方式，由保险公司经营，由农户们自己筹集资金预防风险，降低灾害损失，就可以减轻政府的财政负担；同时，保险的方法比起政府救济能提供更有效的保障，使生产恢复得更好。尽管农业保险仍然需要政府补贴，是政策性保险（下一章讲到），但政府的压力还是变小了，根据投保人数确定补贴多少，财政拨款的不确定性也会降低。

（3）有利于加强农业保护，提高农产品的国际竞争力。根据WTO的规则，价格补贴等农业补贴措施受到限制，这会影响我国农产品在国际上的竞争力。要改变这种状况，就要尽量降低农产品的成本，进而降低农产品的价格。在国外，通常采用农业保险的方式来支持农业，国家为农业保险提供一部分资金支持，我们也可以学习这种做法，提高我国农产品的国际竞争力。

（4）有利于农村社会生活的稳定和农民精神面貌的改善。农业保险使农民灾后能够得到必要的经济补偿，收入的能力增强，就会减少许多不安定因素，有利于促进农村社会稳定；同时，通过参加互助共济的农业保险，有利于唤起农民团结友爱的精神，激发彼此之间合作的热情，增强社会意识。

第四节 农业保险经营的特点

农业保险能够补偿灾害给农民带来的损失，为农业生产解除后顾之忧，符合农民生产、生活的需要，这些我们已经作出了分析，但是农民朋友会问，既然农业保险有这么多优点，为什么我们在生活中没有感觉到呢？有些参加过农业保险的农民朋友会问，为什么有些保险种类根本就不存在呢？

在我国，保险业是近些年才发展起来的，保险业的发展为人们的生活提供了一种保障，也维护了社会的稳定，促进了国家的发展。随着保险业的发展，其中的人寿保险、人身意外伤害保险、运输保险等，都比较快地发展起来，这些保险的经营越来越规范化，保险种类越来越丰富，参加的人群也越来越多。可是农业保险却不像其他类型的保险一样获得较快的发展，一方面是我们在农业保险经营上历史比较短，经验不足；另一方面也是因为农业自身的一些特点，使农业保险在经营上有许多困难，这使很多保险公司在经营农业保险业务时很难获取利益，这样一来，农业保险发展自然就缓慢了。那么农业保险经营究竟有哪些特点呢？

除了具有保险的一般特点外，农业保险也有自身的一些特点。这给农业保险经营带来了困难。

一、农民参加保险的积极性不高

虽然农业生产经营要面临许多难以预料的风险，但是农民们却不一定愿意通过参加保险来转移这些风险。农户之所以有这样的选择，有农民自身思想上的原因，也有来自于其他方面的原因。

从主观上来讲，在中国，古往今来都认为农业生产是“靠天吃饭”的，农民们习惯了也接受了这样一种思想，他们甘愿去承担由自然灾害所带来的风险和损失也不愿参加保险，保险意识淡薄。农业保险虽然能够使风险发生转移，为农业生产提供一定的保障，但那是以交纳一定的保费为代价的。农户们认为，如果灾害不发生在自己身上，那么保费就等于白白地交了，这实际上增加了农业生产的成本。于是，农民宁可任其自然，抱着“灾害不一定轮到我头上”的侥幸心理，跟灾害赌上一把，也不愿意通过参加保险的办法减少损失，在一些强制投保的地方，缴纳保险费还会被当作额外负担。因此，在我国，自愿投保的农户还是比较少的。

从客观上来讲，也有一些原因。

(1) 虽然近些年来我国在各个方面取得了很大的进展，农村经济也获得了相应的发展，农民生活水平不断提高；但同时也应当看到，我国幅员辽阔，人口众多，城市经济与农村经济发展不平衡，相对于城市居民而言，农民的收入偏低，消费水平也偏低。而农业保险的保费相对于其他保费水平来说却是偏高的。根据庹国柱、丁少群教授的调查研究，1994 年陕西关中作物因自然灾害带来的社会损失率，粮食作物为 7%～13%，如果每亩粮食作物的成本按 200 元计算，每亩需交保费 14 元～26 元，如果一户有 10 亩地，须交 140 元～200 元保费，而陕西省农民当年人均纯收入还不到 1000 元，农民绝对不会把自己收入的 1/3 拿出去交保费。由于农户的支付能力受到收入水平的限制，农民即使需要参加保险，也交不起高额的保费，这也限制了农户参加保险的积极性。

(2) 农民们可以通过保险以外的其他方法分散农业风险。我国农村土地经营规模狭小，且分布零散。根据 1998 年的土地资源调查，全国可耕地为 19.5 亿亩，2.2 亿农户每户平均 9.2 亩，每个劳动力不足 4.4 亩，而这每户 9.2 亩还被平均分割成 8.99 块，平均每块 1.02 亩，这种格局必然影响农业保险的需求。在第一章我们提到农业风险管理的一种办法就是多样化种植。农户们可以通过在不同的地块上种植不同的作物来使风险分散化，客观上产生了一种内在的风险调节和分担机制，在某种程度上降低了灾害损失的经济影响。另外，农户还可以通过转让、转租、政府救济的方式达到分担风险的目的。

（3）农民会比较参加或不参加农业保险获得的预期收益的大小。在我国农村经济比较发达、农民收入比较高的地区，农业生产所带来的收益在农户收入中的比例不断下降，农民收入大部分来自乡镇企业的收益，即使农业生产遇到灾害，遭受损失，也不会对农户的家庭生活带来多么严重的损失。于是，一方面农业生产带来的未来收益对农户实在没有吸引力，另一方面农业保险的保障水平一般不超过平均产量的70%，这种补偿收益对农户没有太大的意义。因此，尽管这些地区农户的收入较高，能够交得起保费，他们也不愿意选择投保。

二、农业保险经营存在的困难

尽管农业生产的特殊性要求农业保险来转移风险，保障农业生产的稳定性，但经过多年的实践证明，经营农业保险并不是一件容易的事情。农业保险的经营存在着许多现实上的和技术上的问题。

1. 保险费率难以厘定

保险商品同其他商品一样，在市场上能不能成交，取决于这些产品的供给和需求。也就是说，能不能向农户卖出保险产品，取决于农业保险的经营者能不能提供适合农户参与的保险品种，以及农民是否需要这种保险产品。除此以外，保险产品的价格也就是保费也是一个重要的问题。农民会计算购买保险划不划算，同时，保险公司作为一个企业，是以利益最大化为经营目标的，也会衡量经营这种保险能不能为企业带来收益。因此，保险产品的价格是不是合理，农户们和保险公司是不是都能接受，是保险产品能不能适应市场的一个关键性问题，能否确定一个合理的价格对农业保险经营十分重要。

保险费的缴纳是以保险费率为依据的，保险费率高，保费就高。但是，事实上合理的保险费率的确很难让双方都满意。目前保险费率对农户来说是偏高的。这主要有两个方面的原因。

（1）与农业自身的特点有关。尽管在21世纪的今天，科学技术有了突飞猛进的发展，人类在很多领域能够驾驭自然，但农业生产依然要面对自然灾害的侵袭和巨大影响。自然灾害的发生不仅频率高、范围广，而且一旦灾害发生，农作物损失率和家畜家禽死亡率都比较高。根据我国一些学者在陕西省的调查，陕西关中地区棉花的社会损失率在9%～18%，粮食作物的损失率在7%～13%。占陕西省奶牛总存栏头数一半的西安地区，奶牛的多年平均死亡率达到2%～16%。损失率、死亡率是厘定保险费率的基础和依据，损失率、死亡率高，保险费率必然也高。在我国一头奶牛的保险费率高达7%～9%，即使如此，赔付率仍然超过100%，甚至更高。也就是说，尽管农户缴纳的保费很高，保险公司的赔款数额还是超过了农户交纳的保费数额，这就意味着保险公司经营这项业务，支出要大于收入，不要说收益，连成本都收不回来，以至于保险公司不得不在大部分地区停办了这类保险。

（2）保险公司想要开展农业保险，首先要付出大量成本。要确定一个合理的保险费率，需要有大量的统计资料作为基础和依据，专家们必须依靠以往的经验和数据才能比较准确地厘定保险费率，以保证保费收入和赔偿支出能够持平，公司的经营能够持续下去。农业灾害损失每年各不相同，差别很大，费率计算要以长期平均损失率为基础。但现实是，我国有关农作物和畜禽生产的原始记录和统计资料极不完整，长时间的、准确可靠的农作物收获量和损失量资料及畜禽疫病死亡资料难以搜集，这就给农业保险费率的精确厘定带来了特殊的困难。并且，我国农村地域广阔，经营分散，大量的资料搜集工作也带来了保险公司成本的增加。同时，保险公司要向农户宣传保险，承约签保、查勘定损、理赔兑现等业务，也由于地域的广阔使工作强度加大。比起其他保险，农业保险需要花费更多的人力、物力和财力，这都使得农业保险经营的成本增加，这部分成本要通过收取保费来收回，又使得保费进一步上升。

从以上分析看来，农业自身损失率高的特点和农业保险经营费用高的特点决定了农业保险高费率。各国经验都表明，农作物一切险保险的费率最低也在2%左右，高的达到15%～20%，这比家庭财产、企业财产、人身意外伤害等险种的保险费率高出数十倍，对于收入比城市人口还低的农村人口，交纳如此高的保费显然不符合现实，这也成为农户不愿意参加农业保险的一大原因。保费定得高了，农户承受不了；定得低了，保险公司难以经营，成为农业保险经营的一个难题。

2. 合理的保险责任难以确定

保险经营的原则之一是风险一致性。也就是说，对于相同程度的风险，应当承担相同程度的责任，只有这样，被保险人才愿意投保。原因很简单，如果对于种类或是大小不同的风险，大家交纳一样的保费，这就相当于交了一样的钱，买的东西价值却不相同，这样一来，有的农户就会因为觉得吃了亏而不愿参加保险了。因此，保险公司对于什么样的风险承担保险责任，对不同的风险承担多大的责任，需要进行合理的划分。

对什么样的风险承担保险责任这个问题，保险公司对风险可保性做了一定的规定，分析了哪些风险适宜进行保险，哪些风险不能进行保险。在下一节，我们将详细讲述。

对各种风险分别承担多大的责任的问题，划分起来并不容易。保险公司虽然不了解每一块土地的质量，但农户却是了解的，长期跟土地打交道，使得农民比保险公司具有更多的有关自己土地、作物、畜禽的风险和损失信息。他们根据自己以往的经验，比保险公司更确切地知道什么水平的保险费率、什么样的保障水平对自己是有利的。因此，农户们根据自己的判断，保费比自己认为的高了就不买，低了就买，这样一来，赔款必然超过保费收入，保险公司经营困难加大。

保险公司要做到合理确定保险的责任，办法就是尽可能地精确划分风险单位，进行费率区分，细分费率档次。但是我国地大物博，各地农业实践都不相同，即使在一县或一乡之内，其耕作制度、作物和畜禽结构、自然地理和社会经济条件、灾害种类和频率强度等都各不相同。要做到对每一块土地的情况都了如指掌，划分出风险等级，工作量是非常大的，需要耗费大量的人力和物力。而且，土地的质量与它的使用过程有关，随着时间的变化，土地状况也会发生改变，这就更难确定对每一块土地上的农作物承担什么样的保险责任了。

3. 定损理赔工作难度大

定损理赔，就是在灾害发生后，确定灾害带来的损失，并根据保险合同确定赔偿的金额。灾后经济损失的评定是保险正确合理实行补偿的关键。

一般财产保险标的是无生命的物，定损理赔相对容易一些。但是作为农业保险标的物的动植物处于动态的生命活动之中，农作物在每一个生长阶段，其价值都不相同，标的价格在不停地变化。保险赔款应该根据灾害发生时的价值计算，如果在农作物还未成熟、畜禽还处于生长过程中时发生灾害，要正确地预测农作物和畜禽未来的产量和产品质量以及未来产品的市场价值很困难，损失程度也难以估测。

再有，即使是同样品种的农作物，生长在同样土地和同样气候条件下，使用同样的肥料，也会因为管理上的差距，使它们的单位产量有较大的差距，再加上各地气候等自然条件不同，农作物、畜禽品种的不同和农牧业生产水平的不同，使它们的受害程度也不相同，由风险带来的损失很难准确估计。尤其对于特定风险保险，比如旱灾、风灾保险，很难确定农作物产量的损失究竟在多大程度上是由于自然灾害造成的，仅仅从产量损失中区别约定风险之外的灾害事故所造成的损失，是极不容易的。

养殖业保险损失的估计比种植业更复杂，因为畜禽的生产比农作物生产要求的条件更严格。自然灾害、不科学的饲养、疫病的侵袭等，都会造成家畜的死亡或重大损失。各种因素交织，给农业损失的计算带来极大的困难。

4. 很难规范和监督投保人的行为

农作物是否遇到灾害以及灾害能够造成多大的损失，除了取决于自然的因素外，跟农户的个人行为也有一定的关系。

动植物的生长离不开人的行为作用。同等土地，相同的作物，人们的耕作方法和精心程度不同，必然带来产量的差别。大部分自然灾害是不可控制的，但是，人们可以通过一些方法来预防灾害的发生，也可以使用一些科学技术手段来减少自然灾害带来的损失。比如，农户在植物生长过程中通过打药来预防虫害，最终就会使产量增加；同样的畜禽疾病，被保险人精心预防、救治也可以降低死亡率。保险公司当然希望农户做好防灾工作，但有了保险作为保障，农民很有可能不那么精心地防灾防害，结果导致损失程度的增加。

正是因为农户的个人行为很难规范，保险公司也没有那么多的人力去监督农户每天的行为，所以为了约束投保人的行为，保险公司一般不会全额赔偿，而只按照平均产量水平的一定比例进行赔付，比如按平均产量的70%赔偿，从而使农户自己承担一部分风险，能够精心从事生产。而且，保险人一般都在条款中有免赔率和共同承担赔偿的规定，使损失由保险人和被保险人共同分担。有关免赔率内容，我们会在下一节讲到。

另外，保险公司对于一些农户“搭便车”的行为也很难约束。按道理讲，农户购买了保险，当发生灾害后才可以获得经济补偿。但在保险公司经营过程中发现，有时无法排除不买保险的农户受益。防灾防损是减少风险损失、降低保险经营成本的重要措施，在实施防灾防损的措施时，不排除有不买保险的人“搭便车”的现象。

山东德州举办棉花雹灾和涝灾保险，保险公司为防雹专门为投保地区的农民购置了防雹高射炮，一旦发现可能降雹的乌云，就用高射炮轰击，减少了雹灾的发生次数和强度。对于这些地区没有投保的农户来说，没有花钱买保险但同样因为保险防灾工作而减少了雹灾损失。这样一来，对购买保险的人是一种不公平，但这种不公平又很难消除。

从农户们对农业保险的态度，农业保险经营中面临的保费偏高，以及其他难以克服的种种困难来看，农业保险经营的特殊性，使其很难像其他保险一样发展。事实也证明，在各大城市中保险业的竞争日益激烈，但是很少有保险公司去参与农业保险经营，我国近些年的农业保险经营逐渐萎缩。

农业保险的经营萎缩，给需要保险提供保障的农户带来了困难。浙江绍兴的何新法、何新潮两兄弟，投资100多万元承包100多亩河塘养殖珍珠。但是，一场意外使20多万只河蚌在一天内全部死亡，损失近百万元。他们想过参加保险，可保险公司却没有开办这项业务。可见，现今的保险业务数量和种类远远不能满足农民生产的需要。

由于农业在一国经济中的特殊地位，农业生产需要一定的保障措施来使其稳定，进而带来国家和社会的稳定。对此，世界上一些农业发达国家都已经或正在建立自己的农业保障体系，我国也已经注意到了这个问题，并努力通过建立一种好的农业保险体系来稳定农业生产。

第五节　农业风险的可保性和保障范围

有关保险的优点我们前面已经讲过，参加保险能够为农户生产带来保障，减少风险带来的损失。那么在农业生产中，具体什么样的风险才能参加农业保险呢？

保险业的经营有它的条件，并不是所有的农业风险都需要参加农业保险，也不是所有的风险都能够通过保险加以转移。农户要考虑交保费参加保险划不划算，保险公司也要考虑经营一种保险能不能为自己带来收益。如果一方没有需求，或者另一方没有收益，保险经营都不能够成立。许许多多农业风险中，什么样的风险可以参加保险，要由多个因素来确定，也就是说，农业风险要具备一定的条件才能进行保险。这就有了一个概念：农业风险的可保性。

一、农业风险的可保性

农业风险的可保性，是指从保险的角度衡量某一种农业风险是否可以作为保险责任而被承保。如果一种农业风险被保险人认可可以作为保险责任承保，就叫做可保农业风险；相反，如果一种农业风险不能够被保险人认可作为保险责任，就叫做不可保农业风险。

一种农业风险能不能成为可保农业风险，并不是一成不变的。随着时间、技术、经济、思想观念等因素的改变，原来被认为是不可保的风险可能变成可保的风险，而一些目前可保的风险将来也可能变成不可保的风险。尤其是当前我国农业保险各方面还不太完善，还处于探索阶段，各类险种还在不断丰富、不断调整当中，对于哪些风险可保，哪些不可保，会随着农业保险经营能力的变化而发生改变。

具体而言，农业风险的可保性要满足以下一些条件：

1. 风险必须是不确定的

风险必须是不确定的。也就是说，风险必须是偶然的，它什么时候发生，具体在哪里发生，会带来多大的损失，都是事前不能预知的。这是风险可保性的首要条件。一件百分之百要受到损失的保险标的，是不能进行保险的，即便是接近百分之百，也不适合进行保险。保险公司并不是救济单位或慈善机构，是以获得自身利益为目的的，它收取保费用来为未来可能发生的损失提供赔偿，并有赢利来维持自身的经营，保费以及保障水平的确定都是经过精确计算的。比如：疫区内的动物和没有在当地经过驯化饲养的引进动物，都是损失可能性较大的保险标的，它们的损失风险就不能成为可保风险。同样的，一件发生机会太小的风险也不适合成为保险标的。农民参加保险，缴纳保费是为了防止灾害发生带给自己难以承受的损失，如果灾害发生的可能性太小，农民就没有参加保险的必要了。很明显，海南岛的农民决不会为其农作物投保暴风雪灾害保险，因为那几乎是不可能发生在自己身上的。

2. 风险的发生要有造成较大损失的可能，并超出投保人自身的承受能力

愿意参加保险的人担心的不是风险本身，而是风险会给自己带来多大的损失。一种风险即使会发生，但如果不会造成太大的损失，不会引起农业生产收入的大幅度减少，不会影响投保人正常生活的话，是不会吸引农户投保的。并且，风险的发生会引起农民内心的紧张，这种心理使他们需要赶紧找到一种保障方法，以免受到较大的损失。例如，养鸡场在饲养鸡群的过程中，不免有单个零星的鸡正常死亡，尽管这也是一种风险，但造成的损失很小，就不必参加保险。因为这种情况下需要缴纳的保费数额可能比小鸡死亡带来的

损失还要大。

风险损失要超出自身承受能力。投保人担心的是风险的损失会超出自身的承受能力，如果不将风险转移，会产生可怕的后果。一般来说，承担一种风险是和获得相应的利润联系在一起的，高风险通常会带来高利润，风险越大，获利越大。农户如果选择投保，当然会使风险降低，但因为要缴纳一定的保费，也意味着成本的上升和利润的减少。农民选择种庄稼、养殖禽畜或者经营其他业务，都期望获得让自己满意的利润，正因为这样，农民有时宁愿自己承担风险以获得高利润。但单个农户承担风险的能力是有限的，当一种经营带来的风险超出了自己的承受能力，农户就会选择投保以转移风险。

3. 风险的发生要有规律性，并且是可以计算的

虽然我们前面说风险损失的发生是不确定的，但那是对单个人而言的。对保险公司而言，经营一项保险业务，需要比较准确地计算出保险发生的概率。也就是说，需要根据以往资料比较准确地计算出风险发生的可能性有多大。当然，这并不是说我们能准确地计算出可能发生在每一个农户身上的风险损失，风险的计算是要通过集合大量同类风险标的来进行的，我们只能计算出的是风险对众多人而言发生的可能性。这就要求被保风险的发生要有规律性（当然，也是对大多数人而言的）。风险损失的发生有一定的规律性，保险人才能寻找这种规律，计算出风险发生可能性的大小，看看一种风险是不是可以作为合适的保险标的，确定能不能承保，然后规定合理的保险费率以及保障水平。

要计算出风险发生的概率，也就是可能性，是有一定困难的。首先，农业风险的计算需要以大量的长期的统计资料作为依据，以此找出风险发生的规律，推算出风险发生的概率有多大，但统计资料的收集是有困难的，很难得到完整的统计资料，这我们在前面已经讲到。其次，农作物受损常常不是单一风险的原因，而往往是由

多种风险造成的，想要计算某一种风险造成的损失有多大，也存在一定的难度。再次，自然灾害的发生规律也不是一成不变的，随着全球气候的改变，自然灾害的种类、发生频率、发生地点都在发生着变化，单靠统计资料的计算结果不一定就准确，这就更给保险概率的精确计算带来了困难。

4. 投保人要有交费能力

保险是通过经济的方法，聚集众多的被保险人交纳的保费，形成巨额的保险基金，使得当某些人发生了风险损失，能从风险基金中给予补偿。因此交纳保险费是参加保险的重要条件。如果被保险人没有交纳保险费的能力或者不愿意交纳保险费，就不可能让他参加保险。对于保险公司而言，少收一个人的保费可能算不了什么，但是如果许多人都不交纳保费，保险公司的经营就很难维持下去。所以，投保人具备交纳保费的能力是保险具有可保性的一个条件。

5. 保险人要有风险承受能力

保险要得以经营下去，需要保险双方都能接受保险合同的规定，都能够通过保险获得自己的利益。投保人交纳了保费是为了获得保险带来的保障。保险公司收取保费，除了维持自身经营，一个最重要的任务，就是能够帮助投保人承担风险。因此，只有当保险人具备风险损失承受能力时才敢于承保，愿意承保，被保险人也才愿意把保费交给他。不然，可能因为一次风险，就使保险人赔不起以至破产倒闭，投保人利益也就无法得到保障。因此，要求保险人一定要建立雄厚的保险基金，并且在承保之前，收集详细的资料，运用专业知识，进行风险测定，计算好各项费率以及赔偿标准等，以保证风险发生之后，自己有足够的能力应付风险带来的损失。

根据以上分析，我们知道了农业保险可保性的概念，知道了开展农业保险必须具备的条件。不是所有农业风险都能拿来参加保险，农业风险只有具备了以上各种可保条件，才会被保险人纳入保险范围。也只有具备以上条件，才能够使保险的双方都维护好自己的利益，使保险经营继续下去。

农业保险可保性的条件，限制了农业保险的范围，也就是说，哪些农业风险可以被保险，以及保险公司都承担什么样的责任，要受到农业保险可保性的限制。

二、农业保险的保障范围和保险责任

1. 农业保险的保障范围

所谓农业保险的保障范围，就是指农业保险标的范围和保险责任范围。受到农作物可保性的限制，保障范围内的农作物风险应符合可保性的要求。

保险标的的概念我们在第一节已经介绍了，农业保险标的的范围，是农业保险所承保的所有标的的总和。它可以被概括为：与种植业和养殖业生产相关的财产本身，以及与财产有关的利益和责任等。

2. 农业保险的保险责任

农业保险的保险责任，是指保险公司对什么样的风险进行承保，是对水灾、虫灾还是对其他一些风险承保。

农业生产受到多种因素的影响，造成损失的原因是复杂的。其中，一些损失可以通过人们的努力加以预防。比如：合理的耕作和施肥、保护动植物生长环境等，这些人们可以控制的因素带来的风险损失就不宜列入农业保险的责任范围。因为人们已经根据以往的经验掌握了这些生产技术，如果把人们可以掌握的因素列入保险责任范围，结果会导致一些人不努力经营，而想通过保险补偿得到额外收入。而另外一些损失是人们通过努力也无法控制的因素，比如光照、气温、降雨、风力及病虫害等。这些因为人们无法抵御的灾害带来的农作物产量的下降甚至绝产的风险，如果符合农业保险可保性的条件，就可以列入保险责任。

打个比方，保险公司不会对农作物由于施肥量少而带来的产量减少承担保险责任。原因在于，施肥是人们可以自己控制的，如果将它列入保险责任，农民就可以不去施肥，即使产量减少或者质量下降，也可以通过保险补偿因为产量或质量下降引起的收入减少。这样一来，农民就不会认真种庄稼了。

但是，保险公司可以对一些雹灾承保。这是因为，雹灾是自然因素造成的，是人们无法通过自己的努力控制的。另外，雹灾风险也符合可保性的条件，一些雹灾引起的损失就可以列入保险责任。

实际操作时，保险中还规定一些除外责任，也就是不列入保险范围的保险责任。在保险单中规定一些保险除外责任，一个原因是有一些风险，虽然它的发生也是难以预测的，但是无法根据以往的经验估计这些风险发生的可能性，它们带来的损失也是难以根据以往经验估计的，这些风险也不能成为可保风险。像政治动乱、战争等，它们的发生没有规律性，也无法通过一定的方法估计可能带来的损失，作为农户，一般也不会参加这一类保险。

规定除外责任的另一个原因是提高参加保险后的农民的生产积极性，避免农民因为参加了某些农业保险就不认真生产，而是一味地依靠保险获取补偿，阻碍农业的发展。

我们在下面列出保险责任和除外责任的范围：

（1）根据农业保险的可保性条件，农业保险的保险责任主要包括以下原因引起的农业保险标的损失：①不可抗力的自然灾害和意外事故，如水灾、冰雹等气象灾害，疫病、疾病、伤害、触电、空气污染、中毒等；②采用新技术、新品种、新工艺、引进资金等过程中存在的技术风险、责任风险、信用风险；③为公共事业必须牺牲个人利益，如为防止牲畜疾病蔓延，根据政府命令捕杀掩埋病畜、病禽等；④农产品价格波动、预期利润等。

（2）农业保险的除外责任是指不能列入保险范围的风险责任，主要包括政治风险、道德风险引起的损失等：①战争、政治动乱、军事行动或暴力行为；②被保险人或其家庭成员的故意行为；③生产管理不善、技术措施使用不当等过失行为；④不按照规定要求进行防护、维护、抢救不及时等行为；⑤产业政策改变等政治经济行为。

3. 农业保险的特别规定

以上有关保险责任和保险除外责任的规定是根据可保性的界限划分的，是从理论上对保险责任的规定。从理论上讲，只要经济达到一定水平，保险业发展相对完善，技术上比较成熟，在保险责任范围内的保险标的都具有可保性，可以进行农业保险。但是，由于我国当前经济还不够发达，农民生活并不算富裕，收入偏低，购买保险的能力有限，再加上农业保险的经营起步较晚，经验不够，技术上也有很多不成熟的地方，对于一些理论上可以被保险的风险类型，在实际操作中还存在一定的困难。

受企业经济能力和农民承受能力的限制，原中国人民保险公司对农业保险的承保还有一些特别规定。比如：①地震、旱灾不保；②洪泛区、洪水线以下的标的物不保；③价格风险、预期利润不保；④对承保的标的，一般只保费用、成本，不保产量、产值；⑤实行不足额承保，即只保保险价值的一定成数；⑥植物病虫害、水产养殖类和特种养殖类标的原则上不保。

或许农民朋友们会问，这样一来，农业保险中的许多风险不就不能参加农业保险了吗？

的确，在我国农业保险的经营确实有许多不完善的地方，受到农民收入水平和保险公司经营能力的限制，农业保险还不能像其他保险一样为农业生产、农民生活提供比较好的保障。虽然农业保险在农业风险管理方面有它的优势，但我国目前还不能够像一些发达国家那样依靠农业保险建立完善的风险管理系统，保障农业生产的正常运作。

令人欣慰的是，我国政府已经意识到农业保险在风险管理上的优势及其目前在我国发展的不足，国内相关人士也正在通过自身努力并且参考国外经验在这一领域进行不断的探索、改进和提高。在下一章，我们将着重介绍我国有关农业保险的具体情况，对它的发展现状以及相关的政策、原则做一些介绍。

第三章　我国农业保险的发展概况

在我国，由于农村经济和整个国民经济的需要，开展农业保险是非常必要的，它所带来的利益不仅仅局限于农民本身，而且延伸到整个国家和社会。在一些发达国家，农业保险的建设比较完善，基本上已经能够实现对农民生活提供保障、稳定农业生产的目的，也确实对整个社会起到了积极的作用。我们国家的农业保险因为起步晚，发展相对落后，很多方面还不能跟国外相比，但我们已经意识到这个问题，并正在通过多方努力使之得以完善。当然，农业保险建设不是一朝一夕的事情，发达国家也是经过了多年的探索才取得了今天的成绩，我国正在努力学习先进的经验、管理方法，并结合我国自身情况，建立我国自己的农业保险体系。

第一节　我国农业保险发展的历史概况

一、解放前农业保险的发展情况

1949 年以前，中国经济落后，保险事业极不发达，财产和人寿保险业务也仅仅在沿海大城市等通商口岸开办，而且大部分保险业务被官僚、买办和外国保险公司所操纵，农业保险则仅在个别地区试办。

20 世纪 30 年代初，上海银行与金陵大学农学院、农业试验所在安徽和县乌江镇农业试验区，配合农业贷款推行耕牛保险，是我国保险史上农业保险的最早实践。当时试办的目的是为了保障农业试验区发放农业贷款资金的安全，组织形式是由农民组成的耕牛保险协会。从1934年到1935年只有5个村成立协会，入会的也只有61户。由于农民负担保费过高，入保的牛少，耕牛保险协会保险基金不足，不久便停办了。

在国民党统治时期，在实业部成立农本局后，曾经建立了以办理农村牛、猪保险为主的保险合作社。到1939年，广西、江西、四川、贵州、云南纷纷成立了这类保险合作社，但也因为经济力量薄弱和社会动乱，到1944年这些合作保险组织相继解散。

1944年，国民党政府在重庆成立了中国农业特种农业保险股份有限公司。该公司由中国农民银行创办，由中国农民银行信托部代理中央信托局保险业务后改组成立，当时的农林部、粮食部也有股份参加。按专业分工，该公司本应以开办农村保险为主，但是由于当时内地经济萧条等原因，只小面积地试办了一些牲畜保险，最多时才保有耕牛2000余头、生猪3000余头。

1945年重庆泰安保险公司在四川内江、自流井（现自贡市）、富顺试办役牛商业保险。主要承保对象是盐厂的役牛和糖厂轧甘蔗的役牛，并在富顺承保一部分耕牛，按牛市价的8成承保，保费按保额的4%～5%收取，承保了2000余头。由于抗日战争后该公司的业务重心转移，再加上经营此项业务有些亏损，到了后期便不再办理。

从我国解放前农业保险的发展情况来看，当时我国农业保险虽然也有开展，但官僚资本和外国保险公司只顾掠取商业保险的高额利润，不愿参与农业保险；民族资本的商业保险公司也不愿冒亏本的风险去探索农业保险；农民的互助合作社保险也因为没有技术上的支持，不能确定合理的保费，缺少稳定的保费来源，再加上当时的国民政府不重视农业保险，这使得本身就有经营困难的农业保险在解放前很难得到发展，更难以切实保障农民的利益。

二、20世纪50年代农业保险的发展

1949年中华人民共和国成立后，党和国家十分重视农业保险的发展。1949年10月20日，中国人民保险公司诞生了。从此，中国人民开始独立自主地办保险，为经济建设和人民生活服务。刚解放时的农业保险，由于经验不足以及在指导思想等各方面的原因，曾经经历了一些波折。

1950年，中国人民保险公司为了促进农业生产的恢复和发展，相继在北京郊区、山东商河、重庆北碚试办牲畜保险，到年底就已有30多个试点区，承保牲畜达100多万头；到了1952年，中国人民保险公司当年共承保牲畜1400万头。在农作物保险上，中国农业保险公司在北京郊区、江苏省南通县和陕西省咸阳地区试办棉花保险，并在全国大力推行。

1952年在“普遍办理牲畜保险”的方针指导下，各地为了赶任务，突击完成承保，以致大部分地区出现了强迫命令和业务混乱的现象。主要由于当时看到中国农民人数多，可以大量聚集资金，却没有充分考虑到在土改完成以后，农民的经济力量还很薄弱，负担缴纳保费的能力很小等因素，再加上中国农民没有保险的习惯，把保险看成是收保险税，因此，当时在全国开展的保险业务没有取得预期的效果。

到1952年底，总公司提出“大力整顿，在巩固的基础上稳步发展”的方针，1953年初对农业保险业务进行收缩与整顿，并暂时停办了农业保险。直到1954年才又明确提出农村保险是今后国家保险发展的主方向，重点恢复了农村保险。

1958年，随着政社合一的人民公社的建立，农业生产系统和农村稳定系统合一。由于决策部门认识上的偏差和“我们党的工作在指导方针上有过严重失误”，“忽视了客观的经济规律”，农业保险连

同国内其他保险业务统统停办了。

从以上可以看出，20 世纪 50 年代，农业保险的经营虽然不是特别成功，但还是取得了一定成效。短短几年，不仅在全国大部分地区开办了牲畜保险，不少地区还试办了棉花保险、养猪保险，个别地区还试办了小麦、水稻、油菜、麻、甘蔗、葡萄保险，使上百万受灾农民得到经济补偿，农业生产及时恢复，农民生活上的困难得到解决。通过农村保险的开办，保险赔偿的兑现，使千家万户帮一家、互助共济的保险思想，在农民群众中初步扎下了根。20 世纪 80 年代保险公司恢复试办农业保险时，不少地区如江苏、江西、辽宁等地的一些年长的农民都还记得当年办理农业保险的往事，并积极向其他人宣传和带头投保。

总之，20 世纪 50 年代我国试办并开展农业保险，大方向是正确的，一些地区发生强迫命令的情况，是工作方式方法上的错误。1958 年的停办，是在经济建设中受“左”的思想的影响，对保险理论缺乏研究，不能正确结合我国国情指导实践，没有把农业保险摆到正确的地位上，工作中急于求成，没有妥善解决工作中的问题导致的。但当时农业保险的开展，对后来农业保险的经营是经验的积累，为后来的农业保险事业奠定了一定的基础。

三、1982 年以来农业保险的恢复与试验

党的十一届三中全会以来，中国实行改革开放政策。改革从农村开始，农业生产的家庭经营制度极大地调动了农民的生产积极性，也为农村保险的恢复创造了条件。为了稳定农业生产，国务院决定恢复办理农业保险。1982 年中国人民保险公司恢复了保险业务，从畜禽保险开始，逐步试办了包括粮、棉、油菜、烟、牛、马、猪、鱼、虾、禽以及其他经济作物在内的 100 多个险种，区域涉及除西藏自治区以外的各省、市、自治区。为了体现对农业的支持，政府

对保险公司的保险业务给予了免征营业税的扶持。

与20世纪50年代的农业保险经营相比，1982年以来的农业保险有了较大的发展。农业保险的承保面积不断扩大，保费收入有了较大幅度的增长，农业险的险种不断增加，服务领域不断扩大。农业保险的保险责任由单一风险向混合风险方向发展，种植业保险的保险金额由只保成本向保产量的一定成数转化，险种种类由全国统一险种向地方险种发展。农业保险的经营模式也出现了多样化，不仅仅只由中国人民保险公司经营，出现了多种试办模式。例如：保险公司为地方政府代办农业保险，如云南省；建立农村统筹保险互助会，如河南省；实行系统内自保，如新疆生产建设兵团农牧业保险公司；等等。这些试办模式对中国农业保险的运作方式进行了有益的探索。

总的来讲，对1982年以来的农业保险，政府是支持的，中国人民保险公司以及各个经营农业保险的地方组织也都进行了积极的配合和探索。20多年来，农业保险在一些地区、一段时间取得了一定的成果，像新疆的棉花保险为棉花生产提供了风险保障，上海涵盖多个领域的农业保险初步形成了为都市化农业服务的保险保障体系，等等。

但是，跟其他保险业务相比，农业保险的经营本来就存在各方面的困难。一些发达国家的保险业已有几十年的发展史，但在农业保险方面仍然没有完整而科学的方法，我国农业保险的发展过程中，也遇到了相同的难题。我们应该看到，近20年的农业保险经营并不是很成功。

农业保险从开展以来，在一定程度上起到了稳定农村经济，保障农民生产生活的作用，但对保险公司来说，经营结果并不理想。经营农业保险，保险公司赔付率过高，保险公司的保费收入通常低于因为补偿灾害损失的支出，也就是说，保险公司经营农业保险，不但不挣钱，还要赔钱。可是保险公司又很难通过提高保费的办法来增加保险业务的收入。在中国，人们保险意识薄弱，农民本来就不愿意买保险，如果保费再定得高了，就更没人愿意参加保险了。这样一来，很多商业保险公司为了维护自己的利益，降低经营风险，就逐年减少了农业保险的业务量。1996年，中国人民保险公司改组为中国人民保险集团，为了兼顾商业利益，停办一些长期亏损的险种，这样做虽然提高了农业保险业务的质量和效益，但这是以农业保险险种的减少为代价的。从1997年到2003年，唯一在中国开办农业保险的原中国人民保险公司的农业保险业务量，从7亿多元下降为不足2.5亿元。至于其他保险公司，更是不愿意参与农业保险经营。这样下去，农业保险很难继续生存下去。

我国政府已经认识到这种情况，为了保护和推进农业保险的发展，学习国外成功经验，采取各种措施，在各方面给予农业保险经营以积极的扶持。

第二节　我国农业保险的指导思想和经营原则

一、我国农业保险的指导思想

2002年12月，修订后的《中华人民共和国农业法》第46条首次规定："国家逐步建立和完善政策性农业保险制度。"2003年10月通过的中共中央十六届三中全会决议也指出："探索建立政策性农业保险制度。"这是我国在开展农业保险中迈出的关键一步，农业保险要为农业和农民服务，这是政府对农业保险经营的要求，也是农业保险的指导思想。

20世纪80年代以来的中国农业保险，性质上一直是商业保险性质。所谓商业保险性质，就是说由保险公司开发出认为适合农民参加和自己经营的保险种类，规定保费，由农民根据自己的需要选择是否购买。保险公司自主经营，自负盈亏，国家只是在政策上给予一些优惠，比如减免税收等，但在经营方面不加干预，也很少给予财政支持。但是20多年来的实践经验证明，这种农业保险商业性经营方式，没有取得成功。

农业保险商业性经营之所以不理想，原因前面也已经讲到，一方面，我国农民参与保险的意识薄弱，他们宁愿自己承担风险，也不愿意购买保险来转移风险，尤其是当自己认为保费定得偏高的时候。而且我国农民收入偏低，也没有多余的钱拿出来买保险。另一方面，保险公司很难把保费降得很低。保险公司虽然也努力确定一个合理的、农民可以接受的保费，但由于开办农业保险本身需要耗费大量的人力、物力，成本很难降下来（这一点我们在讲农业保险经营难点时已经具体谈到），如果降低保费，又很难维持自己的经营，获取商业利益。这样一来，保险的买卖双方都没有什么积极性，购买的人没什么兴趣，即使有兴趣，也可能没有能力购买；经营的人因为没什么利润，甚至经常是赔钱，也就不愿意继续开展，农业保险的业务量只能逐年萎缩。单靠保险公司自身的力量，很难将农业保险经营起来。

作为基础性产业，农业在国民经济中有着特殊的地位，尤其是在我国这样一个人口大国，农业的健康稳定是关系到国计民生的大事，这不只关系到农民的利益，也关系其他人的利益，开展农业保险，保障农业生产稳定进行，对于稳定国民经济有着重要的意义和作用。农业保险经营的困难和它对经济的重要性是矛盾的，一方面我们需要农业保险；另一方面，农业保险的经营又难以成功，如何找到一条出路解决这个矛盾十分重要。

农业保险经营中遇到的这些问题并不是只在我国才有，其他国家在经营农业保险时也遇到过相似的问题。但是像美国、日本这样的发达国家，农业保险不但经营起来了，而且发展得越来越好，并起到了它在国民经济中应有的作用。它们是如何解决在开展农业保险中遇到的这一难题呢？

国外许多国家采取的是政策性农业保险，也就是以国家直接干预农业保险的方式经营的保险。国家在政策上和资金上给予农业保险事业积极的扶持，体现在不以营利为目的的农业保险经营。通过给参加保险的农民一定的补贴，一方面使农民能够接受农业保险，使他们有参加农业保险的积极性；另一方面使经营者对经营的农业保险产品能够保证收回成本，实现经营的盈亏平衡。通过给经营农业保险的企业实行减少税收或财政补贴等政策上的支持，使它们也乐于经营农业保险，并尽可能地确定合理的保险费率。

在有些国家，比如日本，由于地域狭小，农业的发展对国家尤为重要。我们知道，农业保险需要众多人参与才能办起来，所以在日本起初一些保险采取的是强制性投保，也就是强制农民必须参加农业保险，但这样做会引起农民的不满，有些还被认为是政府的乱收费。农业保险本来是一件好事，这样做虽然增强了农业抗灾能力，但因为没有得到当事人的支持，会引起农民抱怨甚至其他过激行为，所以不能算作特别好的方法。发达国家在经营农业保险时，一个共同点就是政府在财政上给予了大力的支持。农民觉得保费定得高了，政府就拿出钱来作为保费补贴，比如美国在2000年颁布的《农业风险保障法》中规定，农民如果购买85％产量水平的保单，政府保费补贴占保费数额的38％。也就是说，政府拿出钱来帮助农民买保险，这在一定程度上减轻了农民的负担，增加了农民参与保险的积极性。在经营方面，由于农业生产损失的不可预测性和承担巨大的风险的可能性，以及相应的高费用成本给私人经营带来了困难，许多国家是采取由政府设立专门的机构组织经营的，政府拿出资金负担农业保险的经营所需要的费用，承担相应风险的责任，从而保障农业保险的发展。

在我国，无论是上海、新疆生产建设兵团，还是黑龙江农垦局，这些农业保险经营的成功，都是对农业保险进行政策性经营的结果。虽然每个国家历史有所不同，现实条件也不一样，但遇到的困难是相似的，在解决困难时也可以相互学习，互相借鉴。不管是发达国家多年来积累的经验，还是我国近年来对农业保险的探索都表明，农业保险的发展需要政府的干预，需要政府来支持，必须建立政策性保险制度。

我们应该看到，发达国家对农业保险事业的探索也是经历了一个非常漫长的过程，即使是美国，从 20 世纪 20 年代就开始农业保险经营到现在，虽然已经相对完善，但也还存在许多不尽如人意的地方。我国探索农业保险经营的时间不够长，经验技术相对缺乏，历史资料也不够完善，因此还需要进一步的努力，找到一条符合自身条件的道路。同时我们也应当认识到，农业保险的经营并不是不能成功的，只要给予足够的重视，是可以克服困难并发展起来的。

从 1982 年我国恢复农业保险以来，党和国家就一直努力支持农业保险的发展，在众多有关农业方面的文件中，都显示出对农业保险事业的重视。20 世纪 90 年代，我国农业保险的指导思想体现在 1992 年 11 月中国共产党十三届八中全会通过的《中共中央关于进一步加强农业和农村工作的决定》中，该决定提出："积极发展农村保险事业，建立多层次、相互联系的农村专项保险基金，逐步建立农村灾害补偿制度。"在 1993 年颁布的《农业法》和《保险法》中，也都对发展农业保险事业作出了规定。进入新世纪后，农业保险为农业、农村、农民服务的指导思想得到强化，政府介入农业保险的态度进一步明确，强调了农业保险的政策性。这体现了国家对农业保险经营思路的变化，国家要逐渐干预并进一步扶持农业保险，使它逐步发展起来，为农民朋友服务。

二、农业保险的经营原则

根据中国农业保险的指导思想，结合我国农业政策和农村经济状况，原中国人民保险公司在其多年研究和实践的基础上，曾将农业保险的经营原则概括为“收支平衡，略有节余，以备大灾之年”。这一经营原则的概括基本符合我国开展农业保险的目的和我国的国情。

收支平衡是曾经作为商业保险公司的中国人民保险公司维持其经营的基本要求，只有保证公司的正常经营，才能够维持公司的日常运行，如果企业因为入不敷出而发生亏损，不仅会打击企业经营农业保险的积极性，也会最终危害被保险人的利益；略有节余，以备大灾之年，是指保险公司的保费收入应当略高于支出，并将这些节余作为将来应付大灾的准备金，以保证农业保险能够长期、稳定地发展。我国农村整个经济水平较低，农民保险意识不高，对农业保险需求不强，如果农业保险的收入大大超过支出，节余过多，会降低农民投保的积极性，进一步减少农民的保险需求，影响农业保险的开展。原中国人民保险公司的这一经营原则，基本符合农业保险的指导思想和“为农业生产服务、为农村经济服务、为农民服务”的目的。

为了实现农业保险的经营原则，原中国人民保险公司在开展农业保险业务时，主要从以下几个方面考虑：

1. 基本保障的原则

这一原则是针对保额而言的，也就是说农业保险保额的确定要适当。一方面是考虑到我国农民的收入水平和支付能力，为农民节省部分保费，使农民买得起保险；另一方面也要考虑到保险公司的支付能力，如果保的成数过高或保额过高，遇到灾害，保险公司也赔不起。再有，也是防止有人利用保险取得额外收入。打个比方，原来一只长毛兔的价格是100元，保8成，保险金额就是80元，在保险期间，长毛兔价格下跌至50元一只，于是有些人就故意放松对长毛兔的饲养管理，致使长毛兔短期内死亡，从而希望从保险公司的赔款中获得额外收入。

我国开办农业保险的目的是对农民提供基本的生产生活保障，基本保障指的是农民在农业生产中的基本投入，一般指成本，在遇到灾害事故损失后能通过保险公司的赔款获得维持与恢复再生产。基本保障强调的是维持与恢复农业再生产而不是靠农业保险获得额外收入。因此，保险公司一般只保标的价值的7成左右，也就是实行不足额承保。以低保额、低保费、合理赔付、农民自己承担一部分损失责任为特征的基本保障原则已经成为农业保险中的一个基本原则。

2. 科学厘定费率

保险费率的厘定应当科学合理，应当以一个地区若干年份（至少要当地一个农业风险周期的年份，最好在10年以上）的标的损失率为依据。保险费率要考虑农作物的损失率以测算未来的赔款率，要考虑保险公司业务人员的开支，另外，还要加上一个稳定系数，就是要能够有一定的节余，将其储存起来以备将来遇到大灾之需。

费率的厘定必须要科学，要结合保险经营收支平衡的基本原则。费率过低，亏损的险种会使保险公司赔不起；费率过高，长期赢利的险种又会影响保户续保的积极性。任何不合理的保费，都会损害农业保险双方当事人的利益。同时，费率的厘定也不是一成不变的，应该根据实际情况的改变作出相应的调整，适合当时的需要。

3. 宏观控制与因地制宜相结合

我国农村地域辽阔，各地自然、地理、气候条件差异大，动植物种类繁多，地区间经济发展水平不一，为了适应这些情况，农业保险要在国家宏观控制下，贯彻因地制宜的原则。

原中国人民保险公司在国务院的领导下，对我国农村保险业务进行总设计总规划，在全国各地设立分支机构，根据总公司的统一安排，负责建立和完善当地的保险制度，提出具体的意见和办法，并由当地政府出面组织或制定有关法规政策，大量的日常工作由中国人民保险公司在当地的分支机构办理。其中，保险公司的分支机构对保险经营模式、开办的险种以及具体费率的厘定都有一定的权利。

4. 加强经营管理，提高经济效益

经济效益，反映的是保险经营活动中对人力、物力、财力等的利用效果。

农业保险企业的经营，不同于其他企业，在维护企业自身利益的同时，还要兼顾社会和人民的利益。开展农业保险，应该加强各险种的核算，分析盈亏的原因，找出能够保证收支平衡的临界点，力求在年度上收支平衡。并结合实际，调整业务结构，努力降低成本费用，减少亏损。同时，进行农业保险，还要有切实可行的规章、制度、条例、办法作保证，企业应提高管理水平，尽量减少超赔、骗赔、照顾“关系”多赔等不良现象的发生。

5. 加强防灾防损的工作

有了农业保险的保障，并不是说风险就不存在了，灾害就不会发生了。只是风险的承担者由农民个人变成了保险公司，风险一样会给社会带来损失。

加强防灾防损的工作，是保险公司降低经营成本的一个重要方法。防灾防损工作做好了，就可以将保险标的的损失率降下来，从而降低保险公司的赔付率，实现农业保险的收支平衡，提高农业保险的经济效益。

做好防灾防损，对农民一样有意义，因为农民也要分担一部分风险责任，损失减少了，对农民一样有好处。应在农村积极宣传防灾防损的重要性，努力争取农民朋友的支持。

以上在保险公司经营中所考虑的问题，基本上是符合我国开展农业保险的基本原则的。应该明确的是，我国以及世界上其他国家开展农业保险，并不是以赢利为目的的，是考虑到农业保险给农民带来的利益和它对整个国民经济的意义和作用来经营保险事业的。保护农业是党和国家的政策，这是为加强农业的基础地位，使其与第二、三产业协调发展，保持国民经济快速健康发展的需要，我们的经营原则也体现了开展农业保险的目的。

保险公司虽然本着这一原则进行农业保险的经营，但保险公司盈亏平衡的目标实现起来是有一定困难的。我们也讲过，农业保险本身的特点，它的高成本和它经营的困难，使它很难成为一种可以拿来作为赚钱的工具，这也是为什么虽然曾经有一些商业性保险公司经营农业保险，但大多都因为难以持续经营甚至难以收回成本而放弃的原因。如果商业性保险公司开展农业保险不能使自身有所盈利，它们自然会减少农业保险业务，将资金转移到其他业务上，这也是经济规律。由于缺少经济利润的激励，使得我国目前农村保险事业的开展并不让人满意。

事实上，中国人民保险公司开展的农业保险，一部分原因也是执行国家政策的需要。尽管国家对农业保险业务提供了减免税收的优惠政策，公司对农业保险的经营依然是亏损的，经营农业保险带来的损失要靠经营其他类型的保险来弥补，这也是为什么中国人民保险公司要在 1996 年缩减农业保险业务的原因。当时的中国人民保险集团公司（也就是改组后的中国人民保险公司）作为一家商业性保险公司，为了自身经营的需要，对农业保险加强管理，调整结构，停办了一些长期亏损的险种，提高了农业保险的业务质量和效益，农业保险逐步做到了收支平衡，但与此同时，农业保险的规模减小了，险种也减少了。

尽管保险公司很难从中获利，但农业保险对整个国家的作用是不容忽视的，考虑到农业保险的种种好处，国家必须对它进行支持和完善。现在，农业保险已经不再是商业性质的保险，而被定为政策性保险，这体现了党和政府对农业保险支持的态度，这也意味着国家要加强对农业保险事业的扶持。经营农业保险不仅仅依靠保险公司的力量，而是靠国家的力量。国家会努力为农业保险提供相应的经济、法律环境，向国外经营比较成功的国家学习，逐步建立一个适合我国国情的政策性农业保险制度。

第三节　我国农业保险的发展环境

发展农业保险，不仅仅需要保险公司的努力，一个国家保险业的发展状况，不仅与保险业本身的发展有关，也跟一个国家的经济发展水平，政治、法律环境等各方面因素有着密切关系。农业保险的发展受到社会经济、政治、文化、法律、地理、气象等条件的制约。下面，我们对影响农业保险发展的几个主要因素进行分析，了解我国保险业发展的大环境。

一、农业保险发展的政策环境

一国的政策环境，主要是指国家对农业保险的政策取向，国家的方针政策是否允许农业保险的发展以及允许发展的程度。或者说，国家是否提倡和扶持农业保险，扶持的力度究竟有多大。

政策对农业保险的影响至关重要。我国农业保险经营的几起几落就反映出国家政策对于保险的作用。事实证明，稳定的、宽松的政策环境，有助于农业保险的健康发展，有利于农业经济乃至整个国民经济的持续增长。

建国以来，党和政府对于农业保险的发展一直持支持态度。虽然也出现过工作方式方法上的失误，但那是在探索新事物发展过程中不可避免的。相对于建国前，农业保险不管是在规模上，还是在技术上都取得了不小的成绩。当然，我国的农业保险业与世界上一些发达国家相比还存在一定的差距，但我们也在虚心学习，借鉴国外管理经验，针对我国实际情况，努力制定适合我国国情的方针政策。

现在，党和政府把农业保险定为政策性保险的性质，这体现了国家对农业保险的大力支持。政策性保险，是指我国政府不仅允许农业保险的发展，还要在各个方面给予积极配合，甚至提供相应的财政支持，政府拿出钱来帮助开办农业保险。同时，我国政府正努力通过建立合理的制度，发展和完善市场经济，优化法律环境，为农业保险的发展提供良好的基础，促进其健康、稳定地发展。

二、农业保险发展的经济环境

农业保险的经济环境，主要是指农村经济的发展水平。保险是商品经济发展的产物，商品经济越发达，对保险的需求就越大，在没有市场、生产水平很低的自给自足的经济条件下，农民是不会参加保险的。农业保险的发展速度要与经济的发展速度相适应。农业保险的发展在很大程度上取决于农业生产对农业保险的需求，只有在农业保险的发展与经济发展协调一致时，农业保险才可能真正发展起来。

从我国目前农村经济的发展状况来看，农业正向产业化、现代化方向发展。资金的大量投入，新技术的广泛应用，对农业生产的影响不断增大。与此同时，农业风险不断加大，农业保险的需求也不断增加，人们需要通过保险来分担生产经营当中的风险，增强抵御风险灾害的能力，迫切需要一种完善的保险体制来满足农村经济发展的需要。

当然，仅仅有需要是不够的，农民自身也必须具备参加农业保险的能力。现阶段的农业保险受到农民缴纳保费能力的制约。我们知道，一定数量的保费是开展保险业务的基础，农民如果交不起保费，就很难筹集到资金，也就很难使保险公司具备抵御灾害的能力。随着我国农村经济的发展，农民收入增加了，经济负担能力有所提高，参加农业保险、交纳保费的能力也相应增加。同时，保险公司在厘定保险费率上也更加科学合理，尽可能考虑农民的支付能力，从而让更多的农户参与进来，推动农村保险业的发展。

三、农业保险发展的法律环境

市场经济是法制经济，完善的法律制度在市场经济发展过程中是必不可少的。法律是市场经济的基础，市场经济的运行需要法律制度提供相应的保障。农业保险作为国家的产业政策或社会保障制度的一部分，要正常开展，也必须纳入法制轨道。世界上许多国家，尤其是一些发达国家的经验证明了这一点。

法律是开展农业保险经营的前提条件。只有制定了合理的规则，才能保证各项工作有序进行。农业保险当中的一些保费交纳手续的办理、保险合同的签订、损失理赔程序都应合乎法律的程序并受到法律的保护。保险人和被保险人在保险工作中出现的争议也可以通过法律手段加以解决。

建国以来，我国各方面的法律法规不断完善，法律涉及到人们生活的各个方面，给人民的生产生活带来保障，也使市场经济能够正常运行，使国民经济进一步发展，国家更加繁荣稳定。在我国，国家在法规政策上支持和鼓励农业保险的发展，但农业保险法规体系还没有根本建立起来，农业保险法滞后于农业保险经营管理的要求。我国必须建立完善的农业保险法规体系，以保证农业保险市场的有序形成和发展。2002 年，我国修订后的《农业法》对农业保险的性质作出了新的界定，表明了国家对农业保险事业的新理解。随着法律环境的改善，我国的农业保险必将步入健康发展的轨道。

以上看来，不管是政治上、经济上，还是法律上，我国农业保险的发展环境都在发生着变化，正朝着有利方面发展。各方面环境的优化，必然会对农业保险的发展起促进作用，加速它的发展，使其为农民生产、生活提供进一步的保障，为整个国民经济的发展创造更好的条件。

第四节　农业保险的组织形式

在我国，都有哪些组织经营过农业保险呢？处于经济转轨时期的我国，为适应农业转轨和正常运转的需要，及时恢复了农业保险，并对其组织形式进行了探索。这些进行试验和探索的农业保险组织主要有商业保险企业的专业化经营、联合保险、农业保险合作社等。

一、原中国人民保险公司对农业保险的专业化经营

原中国人民保险公司是国有商业性保险公司，它设立了农业保险专业部门，对农业保险实行专业化经营。它在基层设立公司，直接接受被保险人的农业风险业务，对广大农业生产者提供风险保障。它帮助农户实施防灾防损，减少灾害事故的发生，并将农业保险作为发展农村经济的一条途径。

这种经营模式的优点在于：中国人民保险公司具有较雄厚的资金技术优势和保险专业技术优势，并且机构多，承保范围广，农业风险可以在更大范围内得以分摊，遇到大灾可以在全国范围内调剂使用保险基金，能最大限度地保障被保险人的利益，并尽可能兼顾国家整体利益；再有，中国人民保险公司服务网点健全，专业技术人才健全，与世界上其他国家和地区的保险机构紧密联系，能在国

际范围内分担风险。

但这种经营模式也有它的不足之处。在这种组织形式下，由于赔付能力的限制等因素，保险人难以大力拓展保险业务，并且，中国人民保险公司不是专门的政策性经营机构，而是商业性质的保险企业，是因为国家的需要而经营农业保险。我们知道，单靠保险公司的力量经营农业保险很难获利，这实际上加大了中国人民保险公司的负担，不利于它经营的稳定。

除了中国人民保险公司对农业保险进行专业化经营以外，其他保险企业也曾经营过农业保险。1986 年成立的新疆建设兵团农牧业生产保险公司，成立初期就主要经营农业保险；中国平安保险公司、中国太平洋保险公司也都曾被批准允许经营农业保险。

二、联合共保组织

联合共保组织是农业保险在改革过程中出现的一类组织形式，是指中国人民保险公司与地方政府或有关部门达成一致，共同对被保险人承担经济补偿责任的一种经营方式。保险公司根据某项业务的需要，同地方政府及有关部门联合起来，共同经营，实行利益分享、责任共担、联合共保、同舟共济的经营方式。

联合共保按照其存在与业务经营的运行方式可分为三种类型：

(1) 原中国人民保险公司主办，地方政府给予补贴。特点是地方政府为保户承担部分保费，并承担超限额部分的保险责任，农业保险经营的业务盈余作为风险基金累积在当地，由地方政府与中国人民保险公司共同所有。

(2) 原中国人民保险公司与地方政府实行共同保险。即原中国人民保险公司与地方政府合办保险，二者“收益共享，风险共担”。其目的在于分散与转嫁风险，促使地方政府更加重视防灾防损，并给予各方面的支持和帮助，促进农业保险的发展。

（3）原中国人民保险公司与农业技术部门合办农业保险。由保险公司承保后，农业技术部门负责防灾防损与防疫，保险公司负责赔偿，双方根据当地具体情况协商各自的权利、义务，各自享有或承担盈亏的一定百分比。

实行联合共保可以提高保障程度，最大限度地补偿保户的经济损失，对稳定生产起到积极作用，同时由于政府部门及有关部门可以为农户补贴一部分保费，不仅减轻了农民缴纳保费的负担，还增强了农户参加保险的积极性，增加了农业保险的需求。地方政府凭借其行政力量，扩大承保面积，增加保险需求；农业技术部门的技术力量有助于降低农业保险标的的损失率和赔付率；保险公司则具有较强的承保能力，三者可以各自发挥优势。但有些地方政府和农业技术部门财力有限，偿付能力不足，被保险人的利益可能会受到损害。

三、农业保险合作社

保险合作社属于集体经济成分，是一种基层经济合作组织。在有经济实力并且地方政府支持的地区，由需要保险的个人和集体经济单位自愿入股组成，满足其成员和本乡群众对保险保障的需要。保险合作社的一个显著特点，就是被保险人同时也是保险人，在“取之于民，用之于民”的基础上，自负盈亏、利益共享、风险共担、抵御农业风险、实施灾后补偿。保险合作社有自己的章程，业务上接受中国人民保险公司的指导和监督，并将超过自身保险能力的保险责任，以分保的形式向原中国人民保险公司分保。

保险合作社的具体形式有以下几种：①在原中国人民保险公司给予业务指导和经济支持的条件下，由当地政府和农民联合经营的保险合作社；②由当地农民自己组织的保险合作社，独立经营农业保险，原中国人民保险公司接受其分保；③由当地农民个人、集体经济组织和原中国人民保险公司共同入股成立保险合作社，经营农业保险。

由于保险合作社是农业生产者自愿组成，在保费的收取和理赔、防灾防损上存在明显的优势，经营灵活，保险费摊付合理，易被农业生产者接受。

从以上分析中我们可以看出，建国以来，我国对农业保险的组织形式进行了许多探索，努力寻求适合自身发展的组织形式。但由于农业保险本身经营的困难以及保险组织在经验、技术和管理方式上的不足，许多组织形式没有得到持续健康的发展。原中国人民保险公司对专业经营、联合共保和农业保险合作社经营等三种组织形式都曾进行了试验，后来由于缺少法律以及其他方面的支持，后两种大都逐渐停止了。

现今，农业保险被明确界定为政策性保险，这体现了国家对农业保险的支持。在新形势、新环境下如何找到适合我国国情的组织形式是我们发展农业保险面临的一个急需解决的问题，我们可以参考一些发达国家的经验，总结我们自己这些年来在农业保险经营中的经验，结合我们国家目前农村保险业的发展现状，找到一种适合自己的组织形式来发展我们的农业保险。

第四章　种植业保险

前面三章我们对农业生产的特点和有关农业保险的一些基本知识做了介绍，让大家对农业保险有了一个大概的认识。从前面的介绍中，我们了解到为什么需要农业保险，它在农民的生产、生活中有什么样的作用，对我们国家建设有什么意义。也就是说，农业保险到底是用来干什么的。

不同动植物由于生长特点不同，在保险的具体操作中会有不同的保险费率计算方法，保险责任、保险赔偿等具体实施方法也各有差异。从本章以后的章节，我们会针对农业保险中不同的动植物类别，分别讲述具体的保险方式和方法。

在保险的分类中，我们按照保险标的把保险分为种植业和养殖业两大类，本章主要介绍种植业保险的一些基本知识。

第一节　种植业的概念和风险特点

一、种植业概念及分类

在对农业保险进行分类的时候，我们曾经对种植业做过一些简单的介绍。这一章，在介绍种植业保险之前，我们先弄清楚什么是种植业，它有什么特点。

1. 种植业的概念

种植业是利用植物的生长机能，通过人工培育，以取得粮食、副产品、饲料和工业原料的生产行业，主要包括粮食作物、经济作物、饲料作物、绿肥作物以及蔬菜、果树、观赏园艺作物的生产。我国通常把粮、棉、油、麻、丝、茶、糖、菜、烟、果、药的生产经营活动定义为种植业。但在保险经营上，为了公司业务管理的方便，把林业也列入种植业的范围。

2. 种植业的分类

种植业通常分为以下几类：

(1) 粮食作物。粮食作物包括：①谷类作物。谷类作物是粮食作物的基本组成部分，主要包括稻、小麦、玉米、高粱、谷子、燕麦、黑麦、莜麦、荞麦、黍、青稞、大麦等。②薯类作物。包括甘薯和马铃薯。③食用豆类作物。包括大豆、小豆、豌豆、蚕豆和绿豆等。

(2) 经济作物。经济作物一般指为工业特别是为轻工业提供原料的作物。按照用途可以分为：①纤维作物。它为纺织业等提供原料。主要包括棉花、黄麻、红麻、亚麻和剑麻等。②油料作物。用来榨取油脂的作物。主要有大豆、花生、油菜、芝麻、向日葵等。③糖料作物。一般用来制糖的作物。主要包括甘蔗、甜菜等。④药用作物。如人参、黄连、天麻、贝母等。⑤芳香作物。产品经过提炼后可以获得香料，如玫瑰、茉莉、香茅等。⑥染料作物。如蓝靛等。⑦满足人们某些嗜好的作物，像茶、烟等。

(3) 其他作物。包括各种蔬菜、塑料大棚以及绿肥作物、园林作物和特种作物等。

林木和果树。林木指生长在广阔陆地上的各类树木，包括天然原始森林和各类人工营造林等。从用途上，可以分为防护林、用材林、薪炭林和特种用途林。果树包括仁果类、核果类、浆果类、坚果类、柑果类和亚热带及热带果树类。

二、种植业风险概念及分类

1. 种植业风险的概念

种植业风险是指人们在从事种植业生产经营过程中可能导致损失的不确定性。

种植业与其他行业有着明显的区别。种植业主要利用植物自身的生长机能，再依靠人们去管理和控制取得产品。种植业的生产大部分是在室外进行的，植物生长时间、生长周期与地理环境、自然气候关系密切，各种生产活动都非常直接、紧密地依赖于大自然，受自然环境的影响非常大。比如，适度的阳光，有利于植物进行光合作用，产量就会高；太阳辐射过强，甜菜含糖量就低，烟叶品质就恶劣；阳光辐射太弱，又会使小麦籽粒减少，棉花蕾铃脱落。同样，合适的雨水、充足的空气和肥沃的土壤，都是植物生长不可缺少的条件。种植业的这些特点使种植业的生产者必须面临各类自然风险，成为受自然灾害影响最大的风险承担者。

2. 种植业风险的种类

种植业风险种类有很多，也有许多的划分方法，可以按照风险对象进行划分，也可以按照风险的性质进行划分。由于我们讲的是农业保险，所以采用与研究种植业保险可保风险的目的接近的划分方法，也就是按照风险发生的原因来划分。按风险发生的原因，种植业风险可分为自然风险、社会风险、政治风险、经济风险和环境风险。

在上面的风险中，自然风险是种植业保险主要承担的风险，主要是一些气象灾害和病虫害。如干旱、洪水、暴风、暴雨、连阴雨、寒露风、雪灾、台风、龙卷风、干热风、阴冷、霜冻、雹灾、自然火、森林火灾、雷电、蝗虫等。这些灾害的发生会对农业生产造成极大的影响。

三、种植业保险的种类

有关种植业保险的分类我们在第二章第二节已经讲过，我们通常按照保险标的类别进行划分，这一划分方法是目前中国人民保险公司经过多年的实践总结出来的，较为务实，便于保险业务的管理。

按照保险标的类别划分的方法，种植业保险可以分为粮食作物保险、经济作物保险、其他作物保险、农作物火灾保险、林木保险。

第二节　生长期农作物的保险

按照保险标的的不同进行划分，种植业包含的种类较多。我们会在后面几章分别讲述一些有代表性的粮食作物、经济作物以及其他几种作物的保险。在本章，先向大家介绍有关种植业保险的基础知识。

从农作物的生长时间来看，农作物保险分为两个大块：生长期农作物保险和收获期农作物保险。

一、生长期农作物保险的概念和分类

1. 生长期农作物保险的概念

生长期农作物保险，即以粮食作物、经济作物等农作物在生长过程中因自然灾害、意外事故造成生产成本或收获价值损失为承保责任的保险。这类保险是种植业保险的主要业务。

收获期农作物产量是确定的，但是生长期的农作物处于不断变化当中，这个时期的保险在保险金额、保险费率、保险责任的确定和划分上，应考虑到农作物自身的变化，进行科学的厘定和划分。

2. 生长期农作物保险的类别

按照保险标的分类，生长期农作物保险可以分为：

（1）粮食作物保险。主要承保谷类、麦类、薯类、豆类等作物在生长过程中的风险。

（2）经济作物保险。主要承保纤维作物、糖料作物、药用作物等经济作物在生长过程中的风险。

（3）其他作物保险。主要承保蔬菜、瓜果、花卉等作物在生长过程中的风险。

二、生长期农作物保险责任和除外责任

1. 保险责任

生长期农作物的风险损失可以分为三种类型：①农作物数量减少；②农作物质量下降；③农作物价格下跌。造成这些损失的主要风险，从我国来看，有干旱、洪涝、风雹、霜冻以及病虫害等。对于以上风险及其损失，保险人并非全部予以承保，而只对可保风险负保险责任。

作为商业性保险公司，开展农业保险，通常选择突发性较强、损失率较低的局部洪水、涝灾、冰雹、霜冻作为保险责任。而对于旱灾、虫灾等自然灾害，就不宜作为保险责任。对于旱灾，通常受灾面积较大，风险难以分散，保险公司不具备承担的能力，而且旱灾可以通过灌溉减少损失，被保险人可能因为参加了保险就不好好灌溉，因此旱灾就不宜作为保险责任。同样，病虫害的发生虽然不是完全由人控制的，但被保险人有没有认真为农作物打药预防，对病虫害的损失大小影响很大，因此也不宜被列入保险责任。

2. 除外责任

生长期农作物保险除外责任，是指保险单中规定的保险人不负赔偿责任的风险及其损失。主要包括以下几个方面：

（1）由被保险人的道德风险引起的风险损失。如果一些被保险人故意采取一些行为，有意识地制造农业风险或扩大农业风险损失

的程度，保险人一旦查明并核实情况，不予赔偿，并追究其法律责任。

（2）社会、政治以及经济风险。社会、政治风险是由于个人、集团或国家在社会上的行为造成的。比如，他人的毁坏、盗窃等行为，或者战争、动乱等带来的损失；由于市场波动引起的农产品价格下跌等经济风险，也属于保险除外责任。这些风险损失有些可以通过其他方法得到补偿，比如盗窃者被抓后的赔偿；有些灾难则难以预计，比如战争一类的风险损失，其灾难性结果是无法预计的，而且短期可能还无法消除；有些灾害超出了保险人的承担能力，保险公司负担不起。因此，这些原因引起的风险灾害，都被列入保险除外责任。

（3）农户自身经营管理不善带来的风险。保险人按照正常的技术要求进行农业生产，才会有正常的产量，这是农作物保险的一个前提条件。农作物生长中一些范围不大、程度不深的自然灾害和病虫害，只要及时采取措施，是可以避免和克服的。比如：选择合适的品种以避开不利的环境；大面积平整土地和扩大水利排灌面积以增加抵御不利气候的能力，都是可以通过加强农业管理来完成的。

如果农业生产者不按操作规范和科技要求进行生产、管理不当、责任心不强或失职行为造成农作物损失，保险公司将不会承担相应的责任。

比方说：棉花的苗期是它的营养生长时期，此时，它对养分和水分的要求并不多，但需要充足的光照和较高的温度。因此，这个时候对棉花进行管理，就要做到“六早”，即早护理春花，早施轻施苗肥，早防治虫病，早松土除草，早间苗补苗，早清沟排水。如果不及时做好这些工作，就会造成棉花产量减少。像这种情况，就是因为管理不当造成的损失，像这一类损失，是不属于保险责任范围的。

（4）通过正常渠道可以获得经济补偿的损失。由一些原因造成的损失是可以获得经济补偿的。化工厂发生有毒物质泄露造成农作物损失，化工厂有责任向受灾农民提供经济补偿；政府进行市政建设，厂矿建造征用土地，也会给予农户相应的补偿。在类似上述两种情况下，农户已经得到了损失补偿，保险公司就不会再承担保险责任。

（5）虽然遭受灾害，但可以挽回的损失。灾害发生后，有些损失是无法挽回的，但有些损失可以采取一些补救措施加以挽回。一些农作物的抗灾能力强，即使遇到灾害，只要及时补救，就可以使损失降低，甚至挽回损失。这样的情况也不属于保险责任范围。

三、生长期农作物的保险金额

在前面我们曾经介绍过保险金额的概念。保险金额是保险公司对发生的风险损失向农民提供的赔偿数额。保额定得高，赔偿数额就大；保额低，赔偿少。

保险金额直接关系到农民在损失发生后能够获得多大的保障，也关系到农民交纳保费的数额。我国农业保险是为农业生产提供基本保障，既要保障农民受灾后能够及时恢复生产，又要考虑到保险公司的支付能力和我国农民收入水平较低的现实情况，综合各种因素，以确定一个合理的保险金额。

根据种植业保险“低保障、低保额”的经营原则，保额一般只占成本或者产值的一定比例，实行不足额承保。生长期农作物保险确定保险金额的方法有两种：

（1）按生产成本确定保险金额。农业生产过程中，种子、化肥、农药、农业机械、畜力、运输、排灌等都需要一定的费用，也就是农作物的生产成本。按照生产成本确定保险金额，就是灾害发生后，保险公司按照成本的一定百分比确定保额，给予赔偿。按照这种方法确定保险金额，应当先调查当地农作物的生产成本，弄清楚成本的大致水平，再确定一个合理的保险金额。还要注意到，农业生产成本是随着农作物生长时间的增加不断增加的，所以，农作物在不同的生长阶段遭受灾害时已经花费的成本是不一样的，应当根据农作物不同阶段的成本确定保险金额。

（2）按产量确定保险金额。是按照农作物产出的价值确定保险金额的，根据农作物的产量和价格确定出农作物值多少钱，然后确定保险金额。农作物的产量是确定保险金额的基础，一般按当地前3～5年产量的平均水平来确定，保险产量通常为产量水平的40%～80%。保险价格一般参考同类农产品市场平均价格确定。

每亩农作物的保险金额 ＝保险价格×每亩保险产量

四、生长期农作物的保险费率

保险费率是保险金额与保险费的比率，保险费率的高低决定了农民交纳保费的多少。保险费率的确定应当科学、合理，在量上必须适度，具体来说，应当考虑以下几个方面：

1. 保险费率主要是根据农作物的损失率确定的

在介绍保险费率概念时我们提到，保险费率由纯费率和附加费率构成。其中附加费率是次要部分，与保险公司经营所需的费用有关，只占费率的一小部分。而占主要部分的纯费率则是根据保险标的的损失率决定的。

损失率是往年遭受风险损失的农作物数量占全部农作物数量的比例，损失率越高，农作物遭受风险的可能性越大。在厘定保险费率时，损失率越高，保险费率也越高。这很容易理解。因为损失率高，农作物遭受风险损失的可能性就大，保险公司进行赔偿的可能性也就越大，保险公司需要比较多的保费才有能力应付未来可能发生的损失，保险费率就定得较高。

从以上可以看出，了解农作物的损失率对确定保险费率十分重要。保险公司应当努力调查研究，搜集有关农作物损失率的资料。在实施保险的地域内，对生产水平、种植面积、灾害损失情况进行逐年分析。一般来说，最好有25年以上的连续数值资料。如果资料难以搜集，那么至少也应该有近5年的资料数据。

2. 保险标的的抗灾性不同

在厘定保险费率时应当注意到，每一种农作物由于自身特性的不同，对不同的灾害的抵抗能力是不一样的。所以，即使是同一种灾害，也应针对不同的农作物制定不同的保险费率。

比如说，根据以往的生产经验，农作物对雹灾风险的抗灾性由小到大的排列顺序是：

（1）黑米、玉米、饲草、甜菜、土豆、甘蓝、花生、大豆、豌豆、扁豆、芝麻。

（2）纤维作物、黍米、荞麦、根菜、草籽、胡萝卜。

（3）坚果类、浆果类、草药类、苗圃、麻类。

（4）蔬菜类、樱桃、草莓、生菜、白菜、菠菜、洋葱、番茄、瓜类。

3. 尽可能合理的农作物保险区划

对农作物进行保险区划，目的是根据不同地区的生产条件和生产水平确定不同的保险费率。在对农作物进行保险区划时，一般遵循农作物种植区划。因为同一个种植区划内的农作物有大致相同的自然地理环境和生产条件，农作物种类大致相同，如果发生自然灾害或病虫害，它们对同一类农作物造成的损失程度基本上是一致的。保险区划遵循种植区划，便于对区划内的农作物实施同一种保险，制定大致相同的保险费率。

我国农作物种植区划受到地理、气候等各个方面的影响，一般来说，平原地区农作物种植区划比较单一；而在山区、平原、丘陵相互交叉的地区，农作物种植区划就比较复杂。

4. 考虑保障程度的大小

保障程度也就是保险金额的大小。保额高，保障程度大，保险费率就应当高；相反，保额低，保障程度小，保险费率就低。

五、生长期农作物保险的查勘定损

查勘定损与理赔是保险工作中具有实质性意义的一个环节。规定保险责任、制定保险费率、收取保费，最终是为了在农作物遭受灾害后能够通过保险，尽快恢复农业生产。

为了履行保险责任，按照合同规定对所承担的风险损失给予赔偿，保险公司需要对灾害损失进行查勘和核实，以确定准确的损失量，进而进行赔偿。

1. 定损和计赔单位的确定

在查勘定损工作中，首先应当确定定损单位，这是确定损失程度的基础。尤其是对于大灾来说，受灾范围大，不同地块受损程度不同，如果定损单位定得太大，就不容易准确地估算出损失程度。但定损单位也不是越小越好，太小了会增加保险公司人员的工作量。

目前来说，采取大灾以村为定损单位、小灾以户为定损单位的办法比较可行。

2. 确定损失程度

（1）确定损失面积。确定损失面积的方法大致有三种：①凭经验进行估计，判断受灾面积大小，比如根据田间电线杆之间的距离判断受灾面积；②可以向熟悉环境的当地农民或者政府多方打听，并加以核实；③实地丈量，用钢尺、皮尺、测绳进行测量。但因为工作量大，这种方法对于农作物大面积受损的情况不太适用。

（2）确定损失程度。在确定损失程度时，通常采用抽样的方法。所谓抽样方法，就是在受灾现场，选取几个有代表性的地块，确定其具体的损失程度，加以平均，计算出受灾地块农作物的平均损失程度，进而推算整个受灾损失程度相似的地块的损失程度。

$$损失程度 =(1-\frac{受损地亩收获量}{未受损地亩收获量})\times 100\%$$

我们举个例子。某村参加了小麦雹灾保险，在遭受了雹灾损失后，保险公司进行查勘定损工作。我们在田间选取 6 个地块，每个地块为 1 亩，分别测算每个地块小麦的收获量。经测算，每个受损地块的收获量分别为 200 公斤、180 公斤、210 公斤、160 公斤、190 公斤、240 公斤，对这些地块的产量加以平均，就得出受灾地块的平均亩产。

$$受灾地块平均亩产 = \frac{200+180+210+160+190+240}{6} = 197\ （公斤）$$

假如正常情况下小麦的平均亩产量为 400 公斤，我们就可以计算出小麦的损失程度，损失程度的公式为：

$$损失程度 =(1-\frac{受损地亩收获量}{未受损地亩收获量})\times 100\%$$

那么本题中，将上述采用抽样方法得出的数字代入公式，

$$这个村子的小麦雹灾损失程度 =(1-\frac{197}{400})\times 100\% = 50.75\%$$

3. 查勘定损时需要注意的问题

上例中，利用抽样的方法，我们得出了这个村小麦遭受雹灾后的损失程度。采用抽样的方法计算损失程度需要注意几个问题：

（1）我们想要测算的地块遭受的损失是相近的，只有这样，我们才能选取一些地块代表它们。在上面的例子中，这个村子不同地块遭受的损失应该是相近的，这样我们才能用一些地块的亩产量代表这个村所有地块的亩产量。

（2）我们选取的地块应当具有代表性，能够代表其他没有被选中的地块，被选中的地块的损失程度应该能够代表其他地块的损失

程度，进而能够代表整个需要测算的受损地块的损失程度。

（3）在核算损失程度时，还应当去除一些非保险责任的损失。在上面的例子中，雹灾为保险责任，当小麦生长过程中如果先发生了旱灾，后来又发生了雹灾，那么应该尽量剔除旱灾的损失，只赔付雹灾的损失。而且，如果小麦遭受了两次雹灾，第一次已经进行了赔偿，那么在第二次定损理赔时，赔偿金额应是保险金额减去第一次已经支付的赔款金额的差额。

农作物的查勘定损是一项比较复杂的工作。这是由农作物自身的特点决定的。农作物是活的生物，其局部器官或组织受损后，具有一定的自我恢复能力和再生能力。在遭受灾害后，所受损失当时无法准确确定。比如农作物虽然遭受风灾，但如果事后天气较好，管理得当，农作物再生能力得到发挥，就能使损失得到一定的弥补。因此，生长期农作物部分损失的查勘一般在灾后的 7～10 天内进行，给农作物一个自我恢复的时间。另外，自然现象对农作物的影响是多方面的，有时难以确定农作物的损失具体是由哪种灾害造成的。这些原因的存在，给生长期农作物的查勘定损工作带来了一定的难度。

随着科技的发展，一些先进技术也开始应用于农作物的查勘定损工作。为了尽快对灾害面积和损失面积作出评估，可以采取先进的遥感技术或光谱仪、照度仪等进行测定，这可节省大部分的人力和物力。这些方法在我国农作物测产中已经开始应用。

六、生长期受损农作物的赔偿

对生长期农作物进行查勘定损工作，最终是为最后的赔偿提供依据，确定赔偿方式和数额。一般来说，赔偿方式分为两种：

1. 按成本进行赔偿

生长期农作物成本是随着农作物的生长进程变化的，在确定赔偿标准时，应根据农作物特点，将农作物的生长期分为几个阶段，对不同的生长阶段实行不同的赔偿标准。在每个阶段发生灾害损失时，按照当时的赔偿标准进行赔偿。公式为：

赔款额 =受灾当期单位面积赔偿标准×（损失程度－免赔率）×受损面积

(1)

比如：某村种植 1200 亩小麦，在返青期遭受灾害，经过查勘，损失程度为 40%。保险公司规定小麦亩保额为总成本的 80%，在小麦返青期的赔偿标准为亩保额的 30%，免赔率为 8%。当年种植一亩小麦花费的总成本为 500 元。

那么，小麦的亩保额就为 500×80%，即为 400 元。小麦返青期的赔偿标准为 30%，即：400×30%，为 120 元。按照公式（1）：

赔款额=受灾当期单位面积赔偿标准×（损失程度－免赔率）

×受损面积

= 120×（40%－8%）×1200

= 46080（元）

2. 按产量进行赔偿

当农作物在生长阶段发生灾害损失时，如果造成绝产，就按照当期最高赔偿标准赔偿；如果只是造成部分损失，就按照下面的赔款计算公式，公式为：

赔款额 =保险价格×（保险产量－收获产量）

×受损面积×（1－免赔率）

(2)

另外，如果在苗期发生损失，可以重播的话，按照重播的种子秧苗计算赔偿金额，并且以后继续承担赔偿责任；不能重播的，跟绝产赔偿一样，按照当期最高赔偿标准赔偿。

我们再举一个例子。

某村种植小麦 1000 亩，并投了保，在抽穗期全部受损，造成绝产损失。保险合同规定的保障水平为当地平均产量的70%，抽穗期赔偿标准为保额的50%，保险价格按照当年小麦市场均价，也就是1.4元/公斤，当地小麦的平均产量水平为每亩400公斤。

本题中，

每亩地的保险金额 =每亩平均产量×价格×保障水平

= 400×1.4×70%

= 392（元）

本村小麦保险金额 =每亩保险金额×抽穗期赔偿标准×受损面积

=392×50%×1000 = 196000（元）

如果上例中小麦没有全部受损，而只是部分受损，那么如何计算保险金额呢?

在部分受损时，假设受损后每亩小麦只收获了200公斤，免赔率定为8%，那么，就按照公式（2）：

赔款额 =保险价格×（保险产量－收获产量）×受损面积

×（1－免赔率）

= 1.4×（400×70%－200）×1000×（1－8%）

= 103040（元）

生长期农作物的保险赔偿基本上是按照上面两种方式计算的。我们可以看到，在公式中还规定了一个免赔率，这主要是考虑到在农作物生产过程中，由于轻微灾害和被保险人管理不善会造成一定损失，但对被保险人收回成本不会造成影响，因此在这个范围内，保险公司不予赔偿。一般来说，免赔率不会超过10%。

第三节 收获期农作物的保险

一、收获期农作物保险的概念和分类

1. 收获期农作物保险的概念

收获期农作物是指在大田内栽培或种植的粮食作物、经济作物的生植生长终止，经济产量已经构成，产量质量达到80％以上生理成熟度，生产上已经进入收割、晾晒、轧打、脱粒、烘烤阶段的作物。

收获期农作物保险是以成熟后的农作物为保险标的，以农作物在收割、运输、晾晒、轧打、脱粒、烘烤等初级加工阶段中，因遭受自然灾害或意外事故造成经济损失为保险责任的保险。

收获期农作物的保险属于短期保险，保险期限一般为1～2个月。不同的农作物、不同的经济条件以及机械化程度的不同，使有的保险期限长一些，有的就短一些。

2. 收获期农作物保险的种类

收获期农作物保险是农业保险中试办最早、目前开展规模较大的险种之一。

原中国人民保险公司曾经开办过的收获期农作物保险主要险种有：收获期小麦、水稻火灾保险，麦场火灾保险，粮食作物场院火灾保险，农作物场院火灾保险，麦场夏粮火灾保险，秋粮场院火灾保险等。

火灾是收获期农作物遇到的最常见的风险灾害，也曾经是保险公司承保的主要险种，我们下面讲述的收获期农作物的保险的技术要点，就以火灾保险为主要内容。

二、收获期农作物的保险责任和除外责任

1. 保险责任

按照所承担责任的范围不同，收获期农作物保险责任分为单一责任和综合责任两种。

(1) 单一责任。有的农作物收获期保险，如麦场火灾保险、烤烟火灾保险等，只承担一种事故给收获期农作物造成的责任损失，至于其他原因带来的损失则不予承担，这种保险责任称为单一责任。

通常来讲，在农作物收获期，保险公司只承担被保险人的保险农作物在收割、运输、脱粒，以及在场院中晾晒、轧打等初加工过程中，由于火灾原因造成的保险标的损失。在我国，收获期火灾保险这一险种，交纳的保费比较少，符合农民的承受能力，开展比较普遍。

(2) 综合责任。有的收获期农作物保险，同时承担几种灾害事故对收获期农作物造成的损失责任。不仅包括火灾，也包括各种气象灾害对收获期农作物造成的数量和质量的损失。如保险农作物在收获前10～20天遭受的雹打，碾打、脱粒期间因久雨发生霉烂损失等。

收获期农作物综合责任保障范围比较广、风险高，在我国只是在个别地区试办。

2. 除外责任

有关收获期农作物的除外责任，大家可以参考生长期农作物的除外责任，二者基本相同。

另外，收获期农作物的除外责任还包括：被保险人违反交通部门的规定，在公路上打场发生的火灾造成的损失。因为这样做不仅影响了交通的畅通，也容易造成人员伤亡和火灾的发生，是交通管理部门明令禁止的行为。

三、收获期农作物的保险金额

收获期农作物的保险金额，一般是根据当地正常亩产量的一定成数和上年市场平均价格决定的。正常亩产量一般是指保险标的作物最近3年以上的平均产量。保险金额的计算公式为：

每亩保险金额＝亩平均产量×承保比例×上年市场平均价格

总保险金额＝每亩保险金额×投保亩数

四、收获期农作物的保险费率和保费

收获期农作物保险费率的主要依据也是保险标的损失率。同生长期农作物保险一样，保险标的损失率高，保险费率相应也就比较高。另外，保险费率的厘定还跟保险金额的高低有关，保险金额高，保障程度大，保险费率也就比较高。通常来说，承保单一责任的保险费率应低于综合责任的保险费率。

在我国，由于收获期火灾保险责任单一，而且发生巨灾的可能性较小，所以，保险费率相对比较低，适合农民的经济承受能力。

在我国，收获期农作物保费的收取有两种方式：

一种是根据保险金额和保险费率计算得出，

保险费＝保险金额×保险费率

另一种收费方式是按照承保亩数收取保费。比如：有些地方保险公司每亩收取2元的保费。

五、收获期农作物的查勘定损

1. 明确保险责任

收获期农作物保险也应在灾害发生后，到事发现场进行实地调查和了解，摸清保险标的受损情况，并弄清楚事故发生的原因，为保险责任的明确和保险理赔的实施提供依据。

在查勘中，应先了解保险标的承保情况，保险公司应至少派两人同时出现场，通过观察、询问、测量等方法，对损失事故发生的时间、地点、原因、损失面积、损失程度做调查，并做好查勘记录。

在现场查勘中，一项重要的工作就是对掌握的资料进行综合分析，弄清楚事故发生的原因，进而确定是否属于保险责任。由于现今我国收获期农作物保险责任主要是火灾责任，比较单一，调查起来相对容易，一般来说，火灾原因主要来自以下几方面：

（1）机电事故。一些农机具在收打保险农作物时由于电线老化或电机短路引发的火灾，一般属于保险公司的赔偿责任。

（2）烧麦茬引发的火灾。随着农业机械化程度的提高，广大平原地区夏粮收获普遍采用了联合收割机，农民烧麦茬的现象时有发生，是目前发生农作物火灾的主要原因之一。

（3）其他原因。

对于不同原因，尤其是不属于保险责任的原因，应慎重研究再下结论，并通知被保险人。

2. 损失的核定

根据责任范围不同，收获期农作物损失核定分为四种情况：

（1）保险财产损失的核定。在了解保险农作物的受灾面积、损失程度、平均亩产量、市场平均价格等情况后，核定保险标的损失范围和赔款金额。

（2）其他财产损失核定。在承保收获期农作物火灾保险基本保险的基础上，有的公司还附加了农机具等保险。保险人在核定损失时，应按照条款的约定计算损失。

（3）附加第三者责任保险损失的核定。一些灾害事故的发生造成了与被保险人无关的第三者的死亡、全残或半残，这部分损失依法由被保险人承担，但如果对这种风险投了保，按照有关条款规定，保险公司将按约定负赔偿责任。保险公司在承担这一类保险责任时，应调查清楚受害人与被保险人的关系，只有受害人不是被保险人本人或是其家庭成员时，才属于保险责任，保险公司才应给予赔偿。

（4）关于施救费的核定。保险事故发生后，被保险人为防止或减少保险标的损失，对保险标的进行施救，在这个过程中支出的费用，经过保险公司查勘，如果是必要、合理的，由保险公司负责赔偿。但施救费的最高赔付金额不能超过保险金额。

六、收获期农作物损失的赔偿

收获期农作物损失赔偿的计算公式为：

赔款 ＝ 当期市场平均价格 × 每亩损失产量 × 受灾面积

在应用这个公式时应当注意，保险事故发生时，当保险农作物当期市场价格高于约定价格时，其赔款金额按约定价格计算；当保险农作物当期市场平均价格低于约定价格时，其赔款金额按当期市场平均价格计算。

举个例子。某村农民全村向保险公司投保了收获期小麦火灾保险 1000 亩，投保时，保险人按前三年平均产量 400 公斤和上年小麦收购价每公斤 1.2 元计算保险金额，每亩保额为 480 元。在夏粮收获期间，因收割机电机打火等原因发生火灾多次，共造成近 100 亩小麦不同程度的损失。其中 40 亩全部损失，60 亩损失程度为 50%。

经保险公司派人现场查勘及对保险责任的审核，认定其事故属于保险责任。根据条款规定，其赔款计算如下：

全部损失的 40 亩小麦赔款 ＝ 1.2 × 400 × 40 ＝ 19200（元）

部分损失的 60 亩小麦赔款 ＝ 1.2 × 400 × 50% × 60 ＝ 14400（元）

合计赔款 ＝ 19200 ＋ 14400 ＝ 33600（元）。

第四节 种植业保险的经营原则

种植业保险的经营除了应当符合农业保险的经营原则，还应根据自身特点制定原则，反映种植业自身特点。

我国种植业保险的经营应当符合以下原则：

一、低保障，低保额

生长期农作物的保险金额是农作物生长过程中发生保险责任灾害损失时，保险人对被保险人承担损失补偿的最高限额。

种植业保险和其他保险不一样，对农作物来说，灾害可以发生在其生长过程中的各个时期，而此时，农作物还没有成熟，它们的价值，也就是它们将来产量多高，质量如何，值多少钱，都是不确定的。对于这种情况，保险公司采取低保障、低保额的原则，保险合同规定的保险金额一般不能超过近年来正常年景平均产量的价值。这样做对保险双方比较公平，也可以防止一些被保险人因为参加了保险就放松对农作物的管理，不精心种植。

另外，坚持低保障、低保额也符合我国现实情况。保费的高低与保额有关，保额高了，保险公司承担的风险责任大了，向农民收取的保费也会偏高；相反，保额低，保费也会相应降低。我国农民收入水平本来就不高，我国的保险公司也没有那么大的能力承担比较大的赔偿责任，如果采取高保额、高保障的原则，农业保险就更难经营下去了。

因此，我国农业保险采取低保障、低保额原则，保证农民受灾后有能力恢复简单再生产，符合我国的现实情况。当然，我国已明确提出对农业实行政策性保险，扶持农业保险的发展，保障水平不宜太低，否则就失去了国家扶持的意义。一般来说，保额相当于农作物生产成本或正常年景收获的 5～7 成。

二、不同情况实行不同的保险费率

我国地域广大，在不同的地方，气候条件、土壤条件、生产水平都存在比较大的差别，因此，不能实行全国统一的保险费率标准。应对不同的保险标的、不同的保险责任、不同的地域和不同的保障水平实行不同的保险费率标准。

三、大保面承保

大保面承保是指承保面积应尽可能大。保险是依靠集合大量同质风险来达到有效分散风险的目的，种植业尤其是这样。只有范围足够大，同质风险足够多，才能够根据以往资料分析农业自然灾害的规律，为保险金额、保险费的设定提供依据。

第五章　几种主要农作物保险

在前面一章，我们对种植业以及种植业保险中的一些基础知识做了介绍。有关各类农作物的保险责任、保险金额、保险费率以及保险定损理赔的规定，基本上是按照所讲的内容制定的。

但是，每种农作物都有它们自己的特点，不同作物的各类保险又有它们自己的方式和标准。在本章我们将选取粮食作物、经济作物以及其他作物中有代表性的几种，介绍一些有关它们的具体保险指标和标准，让大家对这些作物的保险知识有一些具体的认识。

我们首先介绍小麦、水稻这两种粮食作物的保险。粮食是人们生活的基本需要，种植面积广，面临的自然灾害比较多，风险大。因此，粮食作物的保险面临的风险相对也比较大，业务展开有一定难度。但粮食的生产有关国计民生，涉及国家的粮食安全，对它的生产提供保险保障有着十分重要的意义。

第一节　小麦保险

一、小麦的生长特点

小麦是世界上分布最广，种植面积最大，产量最多的粮食作物。我国是小麦的主要生产国之一，从平原、谷地到山区，甚至海拔4000米的青藏高原都有小麦种植。

按照生长习性，小麦分为春小麦和冬小麦两种。小麦的一生分为出苗、分蘖（冬小麦还包括越冬、返青、起身）、拔节、挑旗、抽穗、开花、乳熟、糊熟、蜡熟和完熟等生育期。

在小麦的生长过程中，北方的干旱、霜冻、雹灾、干热风，南方的阴雨、潮湿等气象灾害，都会对小麦的生长带来影响；此外，小麦的常见病也比较多，以小麦锈病、白粉病、赤霉病、病毒病等最多，而且蝗虫、蚜虫、麦蜘蛛、粘虫等虫害也威胁着小麦的生长。

二、小麦保险的技术要点

1. 保险标的的确定

投保的小麦必须符合两个条件：①小麦种植品种和密度必须符合当地普遍采用的品种和一般技术要求；②投保时生长正常。

明确不保标的的范围①新开垦的荒地、河滩地、水位警戒线以下地区种植的小麦；②正在发生各种灾害的小麦。

2. 保险责任和除外责任

小麦生长过程中遇到的风险主要是自然灾害风险，小麦保险主要将冰雹、干热风、霜冻等突发性强、范围广、灾情重的自然灾害风险作为保险责任。

有关小麦保险责任免除，就是种植业保险责任免除中的规定。

3. 保险期限

小麦分春小麦和冬小麦两种，小麦保险期限根据这两种小麦不同特点进行规定。

春小麦从小麦出土定苗后起保，到成熟收割时为止；冬小麦从小麦返青期或拔节期起保，至小麦成熟开始收割为止。

4. 保险金额

小麦保险金额一般以亩为计算单位，跟其他种植业保险一样，小麦保险金额可以分为两种：

（1）按投入成本确定保险金额，定额承保生产成本的一定比例。

（2）按小麦市场价值确定保险金额。以当地生产近5年平均收获量的5～7成作为保险产量；以双方商定的价格作为保险价格，小麦保险金额计算公式为：

亩保险金额＝双方商定价格×近5年平均产量×承保成数（5～7成）

5. 赔偿处理

小麦受灾后进行保险赔偿，应先对损失情况进行查勘。在对发生的灾害的时间、地点、灾害类别进行了解后，进行保险责任认定。如果发生的风险灾害的确属于保险责任范围，就应对损失进行准确的统计计算。

小麦灾害损失的核定，一般也采用经验估计法、工具测量法以及抽样定损法等方法进行。

小麦保险的损失，也可以按照成本或产量进行赔偿。

（1）成本保险的具体赔款计算方法是：

赔款＝亩保额×某阶段损失赔付标准×（受损程度－免赔率）×受灾面积

根据小麦在不同的生长阶段成本投入的不同，保险公司设定了不同的赔付标准。以保险金额的一定百分比来表示，如下表：

表5—1　小麦保险阶段赔偿标准

	绝产	部分损失
返青期	最高以保额的30％为限	在保额20％限度内，按实际损失计赔
抽穗期	最高以保额的50％为限	在保额40％限度内，按实际损失计赔
灌浆期	最高以保额的70％为限	在保额60％限度内，按实际损失计赔
成熟期	以保险金额为限	在保额100％限度内，按实际损失计赔

（2）产量保险的赔款计算方法是：

赔款＝保险价格×（保险产量－实际收获量）×受灾面积×（1－免赔率）

第二节 水稻保险

一、水稻的生长特点

水稻是我国主要的粮食作物，水稻的播种面积和总产量在各种作物中均居首位。因此，水稻生产在我国国民经济中具有极为重要的地位。

我国有悠久的栽培水稻的历史，全国栽培品种有4万个左右，我国栽培的稻种分为：籼亚种和粳亚种，早、中季稻和晚季稻群，水稻和陆稻型，粘稻和糯稻变种及一般栽培品种。水稻一生可以分为营养生长期（包括返青期、分蘖期）和生殖生长期（包括长穗期、结实期）两个阶段。

水稻生长过程中，一些水灾、风灾、雹灾、旱灾等自然灾害会对它的生长造成影响，严重的时候会导致水稻颗粒无收；同时，一些病虫害也会给水稻生长带来危害，比如三化螟、二化螟、稻纵卷叶螟、稻瘟病、水稻纹枯病、水稻黄矮病等。

二、水稻保险的技术要点

1. 保险责任和除外责任

水稻保险责任包括水稻生长过程中遇到的可能带来严重损失的一些自然灾害，有水灾、风灾、雹灾、霜冻、抽穗扬花期的低温阴雨等；一些水稻生长过程中有特殊需要，也可以作为保险责任，如成熟期的穗上芽、两系杂交稻制种期间敏感期的低温造成母本变性而自花授粉的风险。

有关水稻保险的除外责任，就是种植业保险责任免除中的规定。

2. 保险期限

水稻的品种不同，所在地不同，会有不同的生长特点和生长期限，水稻保险期限应该考虑到这些差异，根据具体情况制定。

对水稻承保，可以根据它不同生长时期的特点确定保险期限的长短。比如大田期水稻常规保险是从移栽活蔸开始至开镰收割时止；而两系杂交水稻制种的保险期限是幼穗分化敏感期，只有10天时间。

3. 保险金额

同其他农作物一样，水稻保险金额的确定也有两种方法：

(1) 按水稻全生育期投入的成本确定保险金额，定额承保生产成本的一定比例。

(2) 按水稻市场价值确定保险金额。以当地生产近5年平均收获量的5～7成作为保险产量；以双方商定的价格作为保险价格，水稻保险金额计算公式为：

亩保险金额 =双方商定价格×近5年平均产量×承保成数（5～7成）

4. 赔偿处理

水稻生长过程中遇到的灾害种类比较多，灾害发生原因不容易很快查清，需要综合各种方法，作出准确判断。

对水稻受损原因调查要注意以下几点：

(1) 对属于保险责任的自然灾害是否发生，要有判断依据。判断自然灾害发生应该有规定的指标，比如晚稻中的寒露风，就籼稻来说，抽穗扬花期必须连续三天平均气温低于23℃，并伴有雨，否则就不算是寒露风。在对这类风险进行核定时，可以借助有关技术部门的证明来判断，比如气象台的记录。

(2) 注意区分灾害类型。自然灾害、生理灾害、环境污染都会带来损失，至于那些属于保险责任灾害带来的损失，应当加以区分。一般来说，属于承保责任的自然灾害一旦发生，会带来大面积的损失，并且受损严重。而由一些环境灾害和病虫害造成的危害，通常受损面积小，损失只在局部发生。在区分是否属于保险责任损失时，应注意这些特点。

（3）水稻是有生命的保险标的，受灾以后，有一定的自我恢复能力，并且在水稻生长的不同时期受灾，恢复能力不一样。在核定损失时，应考虑到这一特点，以判断灾害是否造成水稻死亡。像涝灾后的水稻，等到天晴干燥时，如果稻苗倒伏枯萎，表示已死，如果呈弓形不倒，就能恢复生长。对于这种情况，可以观察一段时间再确定责任。

在确定损失属于保险责任后，要对损失程度进行核定。由于大多数损失是部分损失，在核定损失时需要详细调查才能得到准确数量。一般可以采取经验估计法，也可以用抽取样本的方法进行推测。

水稻损失的赔偿计算方法：

（1）对于全部损失，无论是保成本还是保产量，计算方法是一样的，计算公式为：

赔付金额 ＝每亩保险金额×受损时该生育期赔付标准
×投保面积

（2）部分损失。

保成本的赔款计算公式为：

赔付金额 ＝ 保险总金额 － 收获产量 × 单价

保产量成数的计算公式为：

赔付金额 ＝（每亩 5 年平均产量×承保成数－收获产量
－非保险责任扣除产量）×单价×受损面积

第三节　棉花保险

前面两节我们以小麦保险和水稻保险为例，介绍了有关粮食作物的保险。接下来的两节，我们以棉花保险和甜菜保险为例，介绍有关经济作物的保险。经济作物用途广泛，为我们提供各种加工原料，也是我们生活中不可缺少的部分。同时，经济作物栽培技术复杂，成本高，受自然灾害的影响比较大，也需要保险为其生产提供保障。

一、棉花生长特点

棉花是重要的经济作物。棉花生产为纺织、医药、化学等行业提供重要原料，棉籽、棉仁、短绒、棉柴、棉叶、棉枝都可以用来作为饲料、肥料或是化工原料。棉花的多种用途和它的一些优良特性，使棉花生产在国民经济中占据重要的地位。

在我国，新疆、山东、河北、河南、江苏、湖北、安徽 7 个省区是主要产棉省，种植面积和产量占全国的 85%左右。

棉花是一年生草本植物，一生分为出苗期、苗期、蕾期、花铃期、吐絮期五个阶段，从 4 月份播种到 10 月份吐絮，大概需要 7 个月的时间。棉花生长过程中，旱灾、水灾、风灾、冰雹、霜冻等自然灾害，以及棉蚜、地老虎、棉铃虫等一些病虫害都会给它带来危害。

二、棉花保险的技术要点

1. 投保条件

棉花保险标的一般应符合以下条件：

（1）棉花种植符合当地技术部门的要求，在品种选择、耕作制度、规范化管理标准上应符合规定。

（2）参加保险的棉花植株长势良好，没有病虫害，并且经营管理正常。

2. 保险责任和除外责任

保险棉田内种植的棉花因遭受雹灾、风灾、霜冻、涝灾（指连续降雨或暴雨积水成灾）带来的损失。

除外责任与种植业保险除外责任的一般规定相同。

3. 保险期限

不同品种、不同地区的棉花保险期限有所不同，可以根据棉花生长阶段作出规定。一般从棉田定苗或移栽大田成活时起至棉花成熟后约定之日止。也有些保险公司直接从时间上规定，一般从5月1日起至9月30日止。

4. 保险金额

棉花保险金额的确定也分为按产量计算和按成本计算两种方法：

（1）按平均收获量的一定成数确定保险金额。

保险金额 = 承保的亩产量 × 保险价格

其中，承保的亩产量为前5年平均产量的5～7成，保险价格可以参照国家的收购价格来确定。

（2）按生产成本确定保险金额。按成本计算保险金额，一般参照上一年每亩棉花的种植成本，通常包括棉花种植所需要的种子、地膜、化肥、农药、机耕、灌溉等费用。保险金额一般按照上一年种植成本的一定比例确定。

5. 赔偿处理

保险公司派人到田间对损失情况进行查看，属于保险责任范围内的损失，采用抽样的方法计算出具体的损失程度。

计算出损失程度后，按照保险合同规定的赔偿办法计算赔偿金额。同农作物保险赔偿一样，棉花保险将棉花生长分成六个阶段，分别确定每个阶段的最高赔付标准，灾害发生后，根据棉花所处的生长阶段，查找最高赔付标准，并根据实际损失情况，确定赔偿额。

表 5－2　棉花不同生长时期的赔付标准

生长期	最高赔偿标准（元/亩）
苗期	保险金额的 50％
蕾期	保险金额的 60％
初花期	保险金额的 70％
盛花期	保险金额的 80％
花铃期	保险金额的 90％
吐絮期	保险金额的 100％

棉花损失分为绝产损失和部分损失两种情况：

绝产损失，是指保险棉花损失程度在 90％以上的情况。对于绝产损失，一般按照阶段最高赔偿标准计算赔偿金额。

部分损失，是指保险棉花损失程度在 90％以下的情况。赔偿时根据阶段最高赔偿标准以及损失程度确定赔偿金额。

农户有时没有对自己种植的所有地块投保，一旦灾害发生，所有地块都遭受了损失，如果这时难以区分哪些地块是投保地块，哪些是没有投保的，该如何计算呢？一般来说，如果保险棉花面积小于实际种植面积，按保险面积与实际面积的比例计算保险金额；如果保险面积大于或等于种植面积，按实际损失面积计算保险金额。

（1）保险面积小于实际种植面积时，计算公式为：

绝产情况下：

$$\text{赔款} = \text{阶段最高赔偿额} \times \text{保险面积} \times (1 - \text{免赔率})$$

部分损失情况下：

$$\text{赔款} = \text{阶段最高赔偿额} \times (\text{损失程度} - \text{免赔率}) \times \text{损失面积} \times \frac{\text{保险面积}}{\text{实际种植面积}}$$

（2）保险面积大于或等于实际种植面积时，计算公式为：

绝产情况下：

$$\text{赔款} = \text{阶段最高赔偿额} \times \text{实际种植面积} \times (1 - \text{免赔率})$$

部分损失情况下：

赔款 ＝阶段最高赔偿额×损失面积×（损失程度－免赔率）

对于上面的计算，我们举一个例子。

某村一种棉专业户，投保棉田40亩，每亩保额200元，条款规定绝对免赔率为10%。5月20日遭灾，查对当地保险条款中《棉花种植保险生长期最高赔偿标准》，受灾棉田处于苗期，赔偿保额的50%，也就是最高赔偿额为200×50%，即100元。经查勘，有近30亩棉田受灾，损失程度为80%，该户实际种植棉花50亩。

这个例子中，保险面积小于实际种植面积，并且属于部分损失，应该用上面第二个公式计算：

$$赔款＝阶段最高赔偿额×（损失程度－免赔率）×损失面积×\frac{保险面积}{实际种植面积}$$

$$＝100×（80\%－10\%）×30×\frac{40}{50}＝1680（元）$$

在赔款时应注意，有时候保险责任范围内的灾害发生不止一次，对新近一次的灾害进行赔偿时，应该将以前各次的赔偿金额扣除。

第四节　油菜保险

一、油菜的生长特点

油菜是我国主要油料作物之一，种植面积占全国油料作物总种植面积的30%以上，产量占主要食用植物油总产量的35%以上，是人们日常生活中不可缺少的农作物之一。除了做成植物油，油菜有着多种用途：油菜籽是制造各种涂料、油漆、肥皂、化妆品、合成橡胶，以及甘油、药膏等工业产品的原料。

从播种到种子成熟，油菜的一生分为播种出苗期、苗期、蕾薹期、开花期、角果发育成熟期等几个阶段。

油菜生长过程中，干旱、冰雹、冻害、洪水、冰凌等自然灾害和一些病虫害，如菌核病、病毒病、白锈病、蚜虫、菜粉蝶、潜夜蝇、跳甲等都会对其生长造成危害。

二、油菜保险的技术要点

1. 投保条件

（1）投保的油菜必须是生长正常的，油菜自身的生长状况和生长环境都没有受到破坏。

（2）油菜栽培要符合当地农业部门规定的、普遍采用的技术标准。

2. 保险责任

油菜生长过程中虽然会遇到许多自然灾害和病虫害，但由于一些风险损失太大，保险公司难以承受，一些病虫害的发生也会因为人为的因素难以控制，目前保险公司承担的保险责任只有：冰雹、冰凌、洪水和冻害。

3. 保险期限

油菜的保险期限一般从播种起至油菜收获完毕离开所生长的田间时止。

4. 保险金额

油菜保险金额的确定也分为两种方法：

（1）按生产成本确定保险金额。

（2）按产量确定保险金额。一般按前3～5年平均产量的40％～60％和保险价格确定。

5. 赔偿处理

油菜保险的赔偿处理与棉花保险相似，可以按照油菜生长的不同阶段确定赔偿标准，灾害发生时按照赔偿标准进行赔偿。计算公式为：

（1）全部损失的赔款计算公式：

保险面积等于或小于实际播种面积时：

赔款 ＝某生长阶段最高赔偿标准×保险面积

保险面积大于实际播种面积时：

赔款 ＝某生长阶段最高赔偿标准×实际播种面积

（2）部分损失赔款计算公式：

保险面积等于或大于实际播种面积时：

赔款 ＝某生长阶段最高赔偿标准×实际播种面积×损失程度

保险面积小于实际播种面积，并且无法区分保险面积与非保险面积时：

$$\text{赔款}=\text{某生长阶段最高赔偿标准}\times\text{保险面积}\times\text{损失程度}\times\frac{\text{保险面积}}{\text{播种面积}}$$

第五节　蔬菜保险

在生长期农作物保险分类中，有一种既不属于粮食作物，也不属于经济作物的其他农作物的保险。其他农作物保险包括蔬菜保险、花卉保险、饲料作物保险等保险业务。在这些农作物中，蔬菜的种植与我们的日常生活联系最大，本节我们就以蔬菜保险为例，介绍一些有关其他农作物保险的知识。

一、什么是蔬菜保险

蔬菜作物是指人们作为蔬菜食用的各种作物，包括：

（1）露天栽培蔬菜，如秋黄瓜、大白菜等。

（2）保护地栽培的蔬菜，如春提早黄瓜、秋延迟黄瓜等。

（3）温室栽培的蔬菜，如冬季上市的黄瓜、西红柿等。

（4）无土栽培的蔬菜，人工养殖的食用菌，如平菇、香菇等。

蔬菜生长需要适宜的温度、湿度、光照、气体以及营养等条件，对于一些自然灾害，蔬菜的抵抗能力比较差。

蔬菜保险是以种植蔬菜作为保险标的的保险。蔬菜保险一般承保一种或几种保险责任，主要以保成本为主，为蔬菜种植提供基本保障。由于蔬菜抗灾能力差，种植中风险较大，所以蔬菜保险的费率比较高，一般为百分之几，甚至更高。目前，开展的比较普遍的蔬菜保险是塑料大棚蔬菜种植保险。

二、塑料大棚蔬菜保险

蔬菜生产具有明显的季节性，而且与粮食相比，蔬菜更不易保存。在蔬菜种植中，人们努力通过各种方法延长蔬菜的生长时间和周期，希望在不同季节都能提供需要的蔬菜。

塑料大棚技术，就是人们根据已有的蔬菜种植知识，通过各种方法提供适宜蔬菜生长的环境，努力在不适宜蔬菜生长的季节培育出各种蔬菜，满足人们的生活需要。

利用塑料大棚，人们可以根据种植的蔬菜种类，调节棚内的温度、湿度、水分、气体和光照，建立一个适合蔬菜生长的环境，使大棚内的各种指标符合蔬菜生长需要，生长出人们需要的蔬菜。

1. 保险标的

塑料大棚内的蔬菜，在大棚提供的环境中生长。塑料大棚的质量，影响到棚内蔬菜生长的环境，决定了蔬菜的产量和质量。因此，参加大棚蔬菜种植保险的保险标的有两个部分：塑料棚棚体和棚内的蔬菜。

（1）大棚棚体。主要包括骨架、立柱、塑料薄膜、苫盖物等几部分。

（2）棚内蔬菜。塑料大棚内种植的各种蔬菜都可以作为保险标的。

2. 保险责任

塑料大棚蔬菜种植保险承保的灾害主要是对大棚本身和棚内蔬菜带来危害的自然灾害。主要有：

（1）暴风。暴风的到来可能会刮毁棚体覆盖物，刮烂塑料薄膜，甚至吹垮棚架，致使蔬菜冻伤冻死。

（2）雪灾和冰凌。雪块和冰块会压垮塑料薄膜和棚体，使棚体塌陷，甚至压坏棚内蔬菜。

（3）火灾。由于塑料大棚的骨架材料有的是竹木结构，覆盖物是塑料薄膜、草苫或作物秸秆，这些都是易燃物，一旦遇到火灾，可能烧毁棚体，烧死蔬菜。所以火灾也属于保险责任之一。

3. 责任免除

除了种植业保险的一般除外责任，塑料大棚蔬菜保险的除外责任还包括：

（1）农户购买假种子、假农药、假化肥，以及使用质量不合格的材料建造塑料大棚带来的危害；

（2）各种病害、虫害、草害和药害；

（3）盗窃、抢劫、他人故意毁坏。

4. 保险期限

塑料大棚蔬菜保险的期限一般从扣棚后开始（扣棚后才算是塑料大棚）至蔬菜收获完毕为止。

由于我国南北方温度差异较大，北方地区的保险期限一般从头年晚秋开始，至第二年春天结束；南方地区的保险期限主要在冬季。由于各个地方的温度均有差别，在制定保险期限的时候应该考虑到各地区之间的不同，根据每个地、市、县的具体情况设定不同的保险期限。

5. 保险金额

由于大棚蔬菜保险的保险标的分为两个部分，所以保险金额也分为两个部分：

（1）塑料大棚棚体的保险金额。棚体的保险金额可以根据单位面积棚体的平均造价确定（一般为每亩棚体多少元），保险金额通常为棚体造价的80%或90%。为了便于理赔，保险金额可以根据材料分项确定，如塑料薄膜多少元、草苫多少元。

为了准确计算保险金额，保险公司要尽可能地掌握各种材料的市场价格，根据市场行情的变化适当调整保险金额。一般来说，当市场价格比制订原保险金额时依据的市场价格有20%以上的波动时，就应调整原定保险金额。

（2）蔬菜保险金额。蔬菜保险金额一般按照蔬菜生产成本确定，一般等于蔬菜的成本价或成本价的一定成数。蔬菜成本价由三个组成部分：

蔬菜成本价 ＝棚体折旧 ＋种菜农业投入 ＋费用

其中，折旧额 ＝棚体的造价×一个蔬菜生产周期的折旧率

种菜农业投入＝种子价 ＋化肥价 ＋农药价 ＋灌溉费

费用 ＝管理费 ＋劳动力价值 ＋技术费 ＋税费 ＋其他费

举个例子：

一亩冬暖式塑料大棚的棚体造价为6800元，一个蔬菜生产周期的棚体折旧率为30%，每亩种子300元，肥料250元，农药150元，灌溉费100元，费用总计500元，那么蔬菜的成本价为：

蔬菜成本价 ＝棚体折旧 ＋种菜农业投入 ＋费用

＝ 6800×30% ＋ 300 ＋ 250 ＋150 ＋500

＝ 3240（元）

如果蔬菜保额定为蔬菜成本价的80%，那么蔬菜的每亩保险金额为：

蔬菜保险金额 ＝蔬菜成本价×80%

＝ 3240×80%

= 2592（元）

6. 赔偿处理

塑料大棚蔬菜赔偿处理也分为棚体损失赔偿处理和蔬菜损失赔偿处理两个部分。

棚体全部损失时，按照保险金额赔付；部分损失时，根据棚体损失程度和分项保险金额赔付。

蔬菜同粮食作物、经济作物一样，处在不同的生长期，花费的成本是不一样的，蔬菜损失赔付要考虑到蔬菜的生育时期，保险公司事先也根据蔬菜生育期确定了最高赔付率，当蔬菜全部损失时按阶段最高赔付率赔偿；当蔬菜部分损失时，根据蔬菜损失程度和阶段最高赔付率赔偿。

同上一节棉花保险一样，当蔬菜部分损失面积小于出险时的实际种植面积，并且无法区分保险面积与非保险面积时，按照保险面积和实际种植面积的比例计算赔偿数额。

第六节　麦收火灾保险

火灾是收获期农作物遇到的主要风险，火灾保险是保险公司开办比较早的一项业务，也是主要业务之一。本节以麦收火灾保险为例，介绍收获期农作物保险。

一、保险标的

承保集体或个人的即将收割的小麦。

二、保险责任和除外责任

1. 保险责任

（1）由于火灾造成的保险小麦的损失，保险人负责赔偿。

(2) 在发生火灾时，为了减少保险小麦的损失而进行的施救、保护、整理所支付的合理费用，保险人负责赔偿。

2. 除外责任

保险小麦发生的损失属于下列情况时，保险人不负赔偿责任：

(1) 由于被保险人及其家属的故意行为所造成的损失。

(2) 麦秸的损失。

(3) 其他不属于保险责任的损失。

三、保险期限

从小麦收割起，到最后一批小麦脱粒并晾晒完毕为止，最长不超过 20 天。

四、保险金额

小麦的保险金额根据前 5 年亩平均产量和上年市场价格乘积的一定成数确定。如前 5 年亩平均产量为 400 公斤，每公斤 1.2 元，承保比例为 80%。则：

每亩保险金额 = 亩平均产量×承保比例×上年市场平均价格

= 400×1.2×80% = 384（元）

五、赔偿处理

小麦收获期发生火灾致使保险小麦受损后，保险公司按照实际损失程度赔偿，赔偿办法如下：

未碾打的小麦，每亩最高赔偿为 384 元；头场小麦，每亩最高赔偿保险金额的 80%。二场小麦，每亩最高赔偿保险金额的 20%。

施救费用单独计算，但是不能超过受损面积小麦的保险金额。

发生火灾时，被保险人要积极采取措施进行抢救并通知保险人，向保险人提供有关单证或证明，协同保险人做好查勘定损工作。

如果保险责任范围内的损失是由第三者造成的，被保险人应向第三者追偿。如果经过三个月未能追得赔款，可以由保险人先赔。被保险人向人民法院或有关部门提出诉讼或追偿请求，保险人方可先赔，同时被保险人将追偿权利移交保险人，并协助保险人向第三者追偿。

被保险人与保险人发生争议时，双方应本着实事求是的精神协商解决，如果双方不能达成协议，应提交法院处理。

第六章　林木及水果保险

前面两章我们主要讲了种植业保险中的农作物保险。接下来，我们将讲述种植业保险的另一大块，即林木和果树保险。由于林木和果树的生长特点与农作物的生长特点有所不同，生长过程中遇到的灾害种类也不相同，因此在林木和水果保险的实施中，一些有关保额、保险费率、保险期限等的制定，也跟农作物保险有一定的区别。

本章主要介绍有关林木和一些果树的生长特点，以及在实施保险过程中的技术要点。

第一节　什么是林木保险

一、林木的基础知识

1. 林木的概念和分类

林木是指生长在广阔陆地上的各种树林。

林木从起源上划分，可以分为天然林和人工林。

按照《中华人民共和国森林法》规定，森林分为五大类：

（1）防护林。以防护为主要目的的森林、林木的灌木丛，包括水源涵养林、水土保持林、防风固沙林，农田、牧场的防护林，护岸林、护路林等。

（2）用材林。以生产木材为主要目的的森林和林木，还包括竹林。

（3）经济林。以生产果品、食用油料、饮料、调料、工业原料和药材为主要目的的林木。

（4）薪炭林。以生产生活燃料为目的的林木。

（5）特种用途林。以国防、环境保护、科学实验等为主要目的的森林和林木，包括国防林、实验林、母树林、环境保护林、风景林、名胜古迹和革命纪念地的林木。

2. 林木对人类的意义

早在人类出现以前，大地上就有了林木。作为一种环境资源，林木对人类的生存和发展起着多方面的必不可少的作用。

（1）林木为人类的生存提供氧气。它们吸收人类本身以及动物、工业生产排放出的二氧化碳，同时释放氧气，从而使空气成分保持正常比例，使人类和动物有合适的生存环境。

（2）林木可以保持水土。林带能起到挡风墙的作用，同时避免土壤被大风刮走；树叶可以减弱暴雨的冲击力量，减缓雨水对土壤的冲刷；根部能够吸收和锁住水分，保持土壤湿润，提高地下水位，起到大蓄水池的作用。

（3）林木还有着许多经济价值。它们为我们提供建筑用材，提供燃料、食品、药物，提供纸张等工业用料。

另外，林木还能起到美化环境，愉悦身心的目的。

可以说，林木影响着我们周围的一切，没有林木的生存环境是无法想像的。

3. 林木风险种类

在林木再生长的漫长周期中，林木面临着各种各样的风险。从风险产生原因来看，这些风险可以分为三种类型：

（1）人为风险。即林木被哄抢、偷砍、盗伐或遭受其他人为破坏的风险。

（2）自然风险。如洪灾、旱灾、雹灾、风灾、冻灾、雪灾以及牲畜践踏、病虫害、野兽危害等造成的林木损失。

(3) 介于人为风险和自然风险之间的风险，如火灾。

从造成的后果看，所有风险中，对林木威胁最大的灾害是火灾。

二、林木的保险

1. 林木保险的概念

林木保险是以具有经济价值的天然原始林和各类人工营造林为保险标的，对它们在生长过程中，因约定的、人力不可抗拒的自然灾害和意外事故造成的经济损失，保险人按照保险合同的规定向被保险人提供经济补偿的一项保险业务。

这里有一个问题，天然林为何也属于保险保障范围呢？这是因为，虽然起源和人工林不同，但是现在的天然林已经注入了很多人力劳动。人们为天然林设置了护林防火机构、森林资源调查机构，并为林道、通讯线路、交通工具、护林防火工具的建设投入了资金。天然林和人工林在林木的管理、保护方面已经没有太大的不同。所以，天然林已具有可保价值，天然林以人工林的价值作为定价基础。

2. 林木保险的意义

与石油、煤、天然气等自然资源不同，林木是一种可以再生和更新的自然资源。但是，人类的现代生活正逐渐使林木的生长失去平衡。对林木资源的大量需求，造成严重的乱砍滥伐现象，工业社会的发展也对林木造成各种各样的污染。如何保护现有的林木资源，协调林木生长和采伐速度，在享用林木为我们带来的利益的同时，不造成林木资源的毁坏，是人类面临的一个重要问题。

为了保护和营造更好的生存环境，人们正努力采取一系列措施来保护森林和树木资源，保证林木的正常生长速度。比如以有计划的采伐取代破坏性的乱砍乱伐，制定法律来保护和管理现有的林木资源，严禁毁林开荒，开展大规模的植树造林活动等等。

开展保险，可以对因遭受自然灾害发生损失的林木提供一种经济补偿，以尽快恢复灾后的林木生产，保护林木生长的连续性。同时，也为林木生产者提供一种经济保障，解除后顾之忧，鼓励林木生产者加大资金投入，安心生产。

3. 林木保险的分类

林木保险可以根据实施的要求不同、林种的不同或保险责任范围的不同进行分类。

（1）按林种的不同可以分为人工杉林保险、人工混交林保险、人工防护林保险等。

（2）按保险的责任范围可以分为综合险和单一险两种。综合险是对可能造成林木灭失、死亡等的灾害事故都加以承保，其责任范围比较宽。单一险只对某项灾害事故承保，责任比较单一。

4. 林木保险的特点

与农作物保险相比，我国林木保险有自身的一些特点：

（1）保险期限长。对农作物来说，其生命一般只有几个月，所以保险期限相对也就比较短。但是，林木保险标的是多年生植物，生长期长，即使是一般的速生用材林都在10年以上，一些风景林或是珍贵树种甚至达到百年以上。因此，林木的可保期限是相当长的。

（2）保险责任单一，费率比较低。在我国，虽然各类林木可能遇到的自然灾害比较多，但目前仅限于火灾保险责任。由于现在地表上的草本植物和腐殖层减少，火灾发生的几率也减少了，损失率降低，所以林木火灾保险的保险费率比农作物低，一般在0.5%～1%。

（3）灾后需要比较长的观察期。一些火灾通常在干燥的秋冬两季发生，树木被烧后，究竟有没有死亡，必须等到春天才能看出。在春天观察火烧过的地方的树木，看是否长出了新叶。因此，从受灾到确定灾情，往往需要好几个月的时间。

第二节　林木保险的技术要点

一、保险标的的确定

林木保险标的是按照保险人和被保险人的要求确定的。是单纯林的可按防护林、用材林、经济林、薪炭林、特种用途林或森林分项确定。根据一些需要还可以按风景林、自然保护区的森林、母树林等确定。

二、保险责任和除外责任

1. 林木保险责任

林木保险和其他保险一样，保险责任是保险合同双方约定保险人对于保险标的在发生自然灾害、意外事故造成损失时应付的经济赔偿责任。

一般来说，确定林木保险责任，应当遵循以下原则：

（1）人们经过最大努力仍然无法抗拒的自然灾害和意外事故；

（2）确实发生了经营者无法承受的经济损失；

（3）灾害事故造成的经济损失是可以核实的。

不同的林木长在不同的地方，如北温带气候适宜落叶松的生长，而南温带气候则适宜夏绿林的生长。在选择保险责任时，应当考虑到不同地域、不同气候环境的差异，针对不同的林木，分别承担不同的保险责任。

理论上，凡是在林木生长过程中，会对其造成损害的自然灾害、意外事故和病虫害，都可以作为保险责任。一般来说，自然灾害主要有火灾、暴风、龙卷风、暴雨、洪水、雪灾、干旱、泥石流等；虫灾则主要有松毛虫、黄龙病、松突原蚧等。其中，火灾是林木保险责任中最常见的一种。火灾有可能是自然原因造成的，也可能是由于人的活动发生的意外事故造成的。全世界每年发生森林火灾几十万起，被烧毁的林地面积在几百万公顷以上。火灾对成林和幼林都造成很大的危害。

林木保险责任按照责任范围，也可以分为单一责任、混合责任和一切责任三种。具体责任范围的选择，应根据具体情况来确定，主要取决于保险人的保障能力和投保人的需求程度。在我国，承保混合责任和一切责任的条件还不具备，一般先从对林木资源危害最大的火灾入手，承担这一种风险责任。

2．林木保险除外责任

林木保险的除外责任，是指特定条件下，由规定的原因造成的、保险人不负责赔偿的责任。

林木保险的除外责任与农作物保险除外责任相似，主要包括：

（1）社会、政治、经济风险。如战争、动乱、军事行动等。

（2）正常情况下不该发生的事故损失，如玩忽职守和一些故意行为。

（3）通过努力可以避免和抵御的灾害。如选择合适的品种植树造林，在林区安置放火设备，发现灾情及早采取措施等。

（4）灾后可以挽回的损失。比如灾后肇事者赔偿。

（5）保险事故发生后，对保险林木投入的一切费用（包括施救费），也属于责任免除范围。这是与农作物保险有所不同的地方。

三、林木保险期限

林木是一种多年生植物，生长期较长，这一特点要求较长的保险期限。但是保险期限并不是生长期限。通常来说，国内外林木的保险期限，一般有短期（常为1年）保险和长期（3～5年）保险两种。我国开展林木保险，一般以一年为一个保险期限。

四、林木保险费率

林木保险费率与农作物保险费率一样，由占主要部分的纯费率和占次要部分的附加费率构成。保险费率的制定关键也是在于确定保险标的的损失率。在办理林木保险的地方，应根据往年资料，确定损失率的大小，损失率高，保险费率就高，损失率低，费率也低。

在确定保险费率时，需要考虑以下两个原则：

1. 林木保险费率应适度偏低

费率过高，会影响投保人的保费交纳能力，减少林木保险的保障范围。费率过低，不利于保险人的经营。考虑到我国的实际情况，费率制定应当适度偏低。并且，随着政治、经济等各方面条件的变化，保险费率也应作出相应的调整。

2. 林木保险应实行差别费率

林木保险跟农作物保险一样，应根据不同地区、不同林种风险程度的不同，实行差别费率。并且，因为不同阶段的林木有不同的成本投入，且不同时期面临的风险后果不同，对同一林种，也应当分阶段确定不同的费率档次。比如，人工杉木林可以根据幼林、中龄林、成熟林三个阶段采用不同的保险费率。

五、林木保险金额

林木的保险金额是林木保险人对被保险人承担损失补偿的最高限额。就林木保险而言，保险金额应根据林木的实际价值确定。在林木实际价值内，保险金额高，被保险人获得的保障程度就高。

1. 林木的价值

林木的价值，是指在林木的营造管理过程中，人们投入的物化劳动和活劳动的总和。在这里，天然林和人工林在管理和保护上没有区别。但在营造上，有一点区别。人工林的营造需要大量劳动投入，而天然林没有营造的劳动投入，我们通常将人工林的重植投入作为天然林的价值基础。

2. 林木的价格

林木的价值用货币的数量表示出来，就是林木的价格。根据林木价格的高低，我们制定出具体的保险金额。

从理论上说，林木的价格由不同地区的平均营林生产成本加上利润和税金组成。在这里，林木的生产成本是不断发生变化的。跟农作物一样，林木是一种有生命的不断生长的有机体，在从种植到采伐的过程中，劳动和各种费用的投入是随着时间的推移逐渐增加的。这就决定了林木在不同的生长时期有不同的价格，也就是序列林价。

3. 保险金额的确定

（1）按成本价确定林木保险金额。成本价一般只包括造林和育林过程中投入的物化成本，不包括利润和税金。按照计算方法不同，成本的构成有两种：一是把经营中每年发生的费用累计而成；二是按照每年实际发生的费用，并考虑资金占用的利息。这种方法确定的保险金额，保障程度比较低，但这是目前比较常用的保障方法。

（2）按计划价确定的保险金额。计划价是由物价部门制定的，具有很强的政策性和强制性，有时与市场价格差别很大，但由于是国家统一制定的，因而在实际业务中，简便、易于操作。

（3）按再植成本确定。林木再植成本包括挖树根、清地、挖坑、移栽、树苗、施肥到树木成活所需要的总费用。一般来说，每亩在30～80元，不同地区所需费用不同，应分别确定。以再植成本作为保险金额，保额低，保障程度比较小。但由于被保险人交纳保费少，经济负担不大，易于被接受，在我国也比较常用。

（4）按蓄积量确定。林木蓄积量是指林木的产量，通常按照立木体积来度量，即每亩地有多少立方米的林木。计算公式为：

林木总蓄积量 = 单位面积上立木蓄积量×总面积

保险金额 = 林木价格×林木总蓄积量

六、林木的查勘定损与赔偿

1. 林木灾情的查勘

林木保险的查勘是指保险公司接到出险通知后，应到现场进行实地调查、勘测，以了解出险情况，计算受灾面积。

发生了保险责任中列举的灾害事故，并不等于一定发生了损失。对灾情的查勘工作就是确认是否发生了保险责任范围内的灾害事故，以及这些灾害事故究竟带来了多大的损失。

查勘工作的主要内容是：保险人到出险现场了解出险时间、地点和原因等情况，详细加以记录；配合林业部门实地测绘灾害平面图，计算受灾面积，根据受灾面积的大小进行全面林木调查和标准地调查，确定林木损失状况并编制查勘报告。

核定损失程度的方法有以下几种：

(1) 目测法。站在一个高点上，观察受损方位，并对照地图，确定受损林和未受损林的分界线，勾绘出受损林地图。

(2) 直线丈量法。利用皮尺或测绳等工具来测量林木受损面积。这种方法对受灾面积较小的林地使用比较合适。

(3) 仪器实地测绘法。利用罗盘仪、经纬仪、测距仪等仪器进行测量。

(4) 遥感测定法。当森林受灾面积达到数万亩时，利用航天、航空遥感等先进科学设备，与地图使用相结合，绘制出受灾平面图。

由于林木生长的特殊性，在查勘工作中，需要注意以下几个方面：

(1) 必须掌握地形图读图与实地对图知识，这是林木理赔的先决条件。并尽可能地学会勾绘地形图。不然，即便到了出险现场，也会因为置身林海，辨不清方向，从而难以确定林木面积以及受灾面积，也就无法准确计算赔偿数额。

要学会读图，就要掌握图面标志的图号、比例、坡度、地物地貌、位置、地势、山脉走向、水势、居民区、道路、植被分布、土地利用等情况。

（2）要弄清楚发生灾害事故的范围是否超过了自然界自身平衡的范围。超过了这个范围，才视为保险责任。比如火灾，按林业防火指挥部的规定，火灾烧毁面积在10亩以内称为火警，大于10亩才称为火灾。现场勘察后，如果测量出的面积没有达到条款规定的面积时，可视为没有构成保险责任或属于绝对免赔范围，不予赔偿。

（3）不同灾害损失程度不一样，应仔细观察，看哪些林木真正受损。比如，火灾过后，有些树木被烧毁，而有些只是过火，过火后树冠没有被烧毁，树枝没有伤害，仅是外部树枝被熏黑，树根没有伤害的，都不属于赔付范围。对于林木来说，自身有比较强的恢复能力，如果灾后不能马上得出结论，可以设置1～6个月的观察期，观察期内如果林木有长出新枝、新叶，证明火烧对林木没有造成损失。

2. 林木损失的赔偿

林木保险的赔付是指保险人的赔款计算及支付过程，重点是赔款的计算。赔付数额视灾情而定，全部损失按保额进行赔偿；部分损失根据损失情况和保额，按比例赔付。

经过勘察后确定属于保险责任范围的损失，应根据损失程度，按照保险合同规定的赔偿办法进行损失赔偿。

根据承保的方式不同，赔款的计算方法也不一样。

（1）根据蓄积量的成数投保的赔款计算：

赔付金额 ＝每立方米林木价格×（每亩蓄积量×承保成数
　　　　　－每亩积材损失量）×受损面积

（2）按成本保险的赔款计算：

$$赔付金额 = 受灾面积 \times 每亩保额 \times \frac{灾前标的估价 \times 受灾面积 - 灾后残值}{灾前标的估价}$$

除此以外，林木保险赔款还有其他计算方法，这里我们不再一一介绍。

第三节　水果保险

果树是常见的树种，果树栽培也属于种植业的一种。果树林与其他林木的不同，在于它能够生产果实，满足人们对水果的需求。水果的种植量比较大，并且与我们的生活息息相关。

有关果树的保险可以分为两类：一类是果树保险，即果树栽培死亡保险，指因保险责任范围内的灾害造成果树残废（三四年内不能结果，丧失利用价值）或死亡导致被保险人经济上的损失，保险人对被保险人的建园成本给予赔偿的保险。果树保险期限一般为一年，可以从幼树开始承保。另一类是水果保险，一般只承保盛果期的果园，保险期限一般是从每年生产季节的定果开始至水果成熟收获离枝为止。

果树保险在承保条件和保险责任上，与水果保险基本相同，在保险金额、保险期限、保险定损与理赔上，与林木保险相似。由于水果保险相对复杂一些，我们主要介绍关于水果保险的一些技术要点。

一、果树的基础知识

1. 果树分类

我国地域辽阔，气候条件复杂，南北方差异较大，植物资源丰富，果树种类繁多，共有原产果树和引进果树 690 余种。其中，重要的果树 300 余种。

总体来说，我国果树种类分为：

（1）仁果类：苹果、梨、沙果、海棠、山楂等。

（2）核果类：桃、杏、李子、樱桃、枇杷、杨梅、橄榄。

（3）浆果类：葡萄、草莓、树莓、猕猴桃、醋栗、无花果、柿子等。

（4）坚果类：核桃、板栗、榛子、香榧等。

（5）柑果类：柑橘、橙子、柚子等。

（6）亚热带及热带果树类：香蕉、凤梨、龙眼、荔枝、椰子、芒果、洋桃、番木瓜、番石榴、番荔枝等。

2. 果树的生长特点

果树生产的投入周期比较长，从果树育苗、移栽到长成挂果树，一般需要 3～4 年的时间才能形成果园，进行水果生产。在这期间，要根据果树生长的不同特点，经过一系列的栽培手段和措施，使水果生产达到高产、优质。

果树的生长对温度的要求比较高。各种果树的地理分布受温度条件的限制，主要是年平均温度、生长期积温和冬季最低温度。

高温和低温对果树都会造成影响，尤其是温度的急剧变化，对果树十分有害，常造成大量减产，甚至植株死亡。与高温相比，低温和突然的低温对果树的危害更严重，冻害、伤寒、冻旱、霜害都会带来果树生理机能的破坏。

因此，在种植果树期间，应注意对树种、品种的选择，找到适合地理、气候特点的合适树种，并且必须重视防冻工作，尤其是果树枝梢、花芽、根茎部位，特别容易遭受冻害，需要加强防护。

除了温度以外，水、肥料、微量元素都是果树生长不可缺少的因素。在果树生长期间，需要适时地浇水、施肥、喷施微量元素，以及加强土壤耕作，注意修剪和对病虫的防治。

二、水果保险的技术要点

1. 承保条件

水果保险一般只宜承保盛果期的果园。盛果期是果树大量结果而且产量最高的时期。这时果树的特点是树冠体积大，果实产量高，短中果枝多，长果枝少。结果初期和衰老期的果园一般不宜承保。

被承保的果园一般来说应符合下面的条件：

（1）树龄。承保的果园为盛果期的果树，处于幼果期和衰老期的果树不能承保。

（2）长势。承保的果园长势良好，没有病虫害。

（3）种植密度。对承保要求而言，种植密度应该为当地林果技术部门规定的密度。

在承保前，还应当查清楚果园最近三年的收获产量情况，并了解近年市场的平均价格，为确定保险产量、保险金额以及定损理赔提供依据。

2. 保险责任

水果生产过程中，许多灾害都会对它造成影响。冻害、霜冻、抽条、大风、雪灾、旱灾、火灾、雹灾、洪涝、病虫害都是水果种植过程中面临的灾害。地区不同，灾害的种类不同，在各类灾害中，霜冻、雪灾、雹灾、火灾是最常见的灾害。

作为果农，希望保险公司能够承担多项保险责任，但保险公司由于能力有限，通常只愿意承担风险比较小的单项责任。各地应根据实际情况，尽量选择使双方都能满意的保险责任。保险公司可将最为常见的火灾、雹灾作为基本保险责任，在能力允许的条件下，努力承担更多的保险责任，如洪水、霜冻等。

3. 保险金额的确定

跟农作物保险一样，为了促进果农加强果园管理，水果保险也实行不足额承保。水果保险的保额应确定为正常年景产值的一定比例，并且不负责果品质量下降造成的损失。

保险金额 ＝ 保险产量 × 保险价格

跟农产品相比，水果市场价格波动相对比较大。因此，保险价格必须是在承保时就规定好，一般应比近年果品市场价格稍低，并且要在保单中写明，以保险价格作为理赔时计算赔款的依据。

另外，对果树产量的估计在确定保险金额时也很重要。具体保险产量需要保险双方都认可。一般来说，有近年产量记录的果园，以近三年亩平均产量的六成以下确定为保险产量比较合适。没有产量记录的果园，应根据果园建园时间推算树龄，并采用访问或抽样调查的方法估算正常产量，计算公式为：

平均亩产量 ＝平均单株产量×平均每亩株数

平均单株产量 ＝平均单果重×平均单株果实个数

4. 定损与理赔

（1）确定损失。水果损失的查勘定损工作主要是在灾害发生后，确定受灾面积和损失率。对于水果保险来说，损失率可以用落果率来表示。

在接到保户通知后，保险人应立即赶赴受灾现场进行查勘。在对损失进行核定之前，应首先查清楚发生的灾害是否属于保险责任，并依据保单，对受灾地是否属于承保范围进行确定。在弄清保险责任和承保范围之后，再着手勘察损失情况。

在对受灾情况进行记录时，需要注意两点：首先，对于果树来说，有一些落果是由于果树自身的生理原因引起的，比如授粉、授精不良，生长不足等原因引起的落果。这些落果在灾害发生之前就已经有了，在对灾害损失进行估测时，应该区分灾前落果和灾后落果。只有灾后落果才是灾害带来的损失。这可以根据落果的颜色、新鲜程度等特征进行区分。其次，对于果树来说，影响产量的因素是多方面的，除了保险责任灾害，各种病虫害等因素也会造成水果产量的减少。在确定灾害损失时，应该分析各种因素的影响，将其他原因造成的产量降低排除在保险责任之外。

不同地块的果树受损情况可能不同，在灾后最终定损时，应该对不同的损失程度加以区分，分别进行计算。可以采用抽样的方法，在受灾程度相似的地块中随机抽取一些样株，得出它们的挂果重量，进而推算出所有相似受灾地块的平均收获产量。用保险产量减去收获产量，就是损失产量。

（2）赔偿计算。在进行赔偿之前，还应该考虑一个问题，就是损失果品的残值。受损的果品，虽然跟正常收获的果品质量不同，但有些并不是一点价值也没有，它们还可以给果农带来一些经济利益。在保险赔偿的时候，应该扣除这部分残余的价值。

果树保险赔款额的计算公式为：

赔款总额＝保险价格×受损面积×（保险产量－平均收获量）×（1－免赔率）－损失果品残值

举个例子：某村种植果树1000亩，并投了保。在临近收获期间发生了火灾，造成近100亩果园全部受损。经过查勘，此次灾害属于保险责任范围，并对损失进行了确定。受灾后果树的平均收获量为每亩100公斤，所有受灾地块果品残值共4000元。保单约定，保险价格为每公斤4元，保险产量为每亩250公斤，免赔率为8%。那么，根据公式：

赔款总额＝保险价格×受损面积×（保险产量－平均收获量）×（1－免赔率）－损失果品残值

＝4×100×（250－100）×（1－8%）－4000

＝51200（元）

第七章　养殖业保险

第一节　养殖业保险概念

一、什么是养殖业

养殖业是以陆地和水生物为主体的生态系统的再生产系列，是指利用动物和水生物的生物学特性，通过人工驯养、繁殖、培育动物或水生物，以取得产品的生产行业。

人们养殖动物，利用这些动物生产出产品，为人们带来经济利益，比如奶牛产的奶，蜜蜂采的蜜，鸡下的蛋等等；或者直接利用动物本身获得产品，许多动物的皮、毛、肉都可以用来满足人们的生活需要；比较传统的生产方式下，一些动物还可以帮助人们进行生产，如牛耕地、马拉车、驴推磨等。在长期与各类动物打交道的过程中，人们不断积累经验，认识到了不同动物的不同用途，利用它们进行生产，并逐渐形成养殖业这一大产业。

养殖业是以动物机体为生产对象，由于不同的陆地和水生物在繁殖、生长和发育过程中都有自己的特性和规律，养殖业中动物的生长、发育往往需要比农作物更为严格、更标准的生活条件。在动物养殖中，养殖场所的确定、动物品种的选择、动物饲料的配备都会对经营的好坏起着直接作用，任何一个环节都影响着养殖业的经营效益。因此，养殖者的素质与养殖业的生产结果关系密切。养殖者往往需要经过专门的技术培训，精通某项养殖技术，并拥有养殖经验，才能从事此类经营。

养殖业的这种特点，意味着养殖业生产比农作物更为脆弱，面临着更多类型的风险。自然灾害的威胁，意外事故的损害，不完善的饲养，疫病的侵袭，以及一些人为因素，都会造成动物的死亡或伤残，给养殖业带来重大的损失。

二、养殖业的分类

按照不同的分类标准，养殖业有不同的分类方法。可以按照动物学分类标准分类，把饲养的动物定为××属××种；也可以按养殖动物的不同用途进行分类，比如肉用动物养殖、乳用动物养殖等；还可以按照养殖方式和养殖场所将动物养殖分为陆地养殖、水产养殖等。

本书中，我们按照保险业务的需要，将养殖业分成五大类别：大牲畜、小牲畜、家禽、水产养殖和特种动物养殖，并分类进行管理。

(1) 大牲畜养殖。通常是指人类为了役用、肉用和种用或其他目的而饲养的体形大、饲养周期较长的哺乳动物。如牛、马、骡、驴、骆驼、牦牛等。

(2) 小牲畜养殖。是指人们为了经济或其他目的而驯养中小型哺乳动物。主要包括猪、羊、兔等，通常为人们提供优质的动物蛋白质，提高人们生活水平。

(3) 家禽养殖。家禽是指人们饲养经过长期驯化，在家养条件下可以繁殖的，具有经济价值，能为人类提供肉、蛋、羽产品的禽类。

(4) 水产养殖。是指以淡水、海水中的鱼类、蟹类、虾类、藻类、贝类等多种水产品为饲养对象的养殖业。

(5) 特种养殖。主要是指人们将一些经济价值比较高的动物、昆虫，如貂、鹿、蚕等作为饲养对象的养殖业。

三、什么是养殖业保险

养殖业保险是以有生命的陆地动物或水生生物为保险标的，保险人在被保险人支付约定的保费后，对保险标的因遭受保险责任范围内的自然灾害、意外事故和疾病所造成的损失，向被保险人进行经济补偿的一种保险业务。

养殖业的一些特点，决定着在养殖业生产经营中面临着比种植业更多的风险。自然界的洪水、台风，动物疫病中的猪瘟、炭疽、马鼻疽、禽流感以及一些意外事故等，都是养殖业经营当中必须面对的风险。而且，与种植业生产相比，养殖业对技术的要求更高，养殖者本身的素质会直接影响生产的结果，不同的养殖者经营养殖生产的风险程度呈现出很大的差别。养殖业经营投入比较高，一旦发生风险灾害，会造成相对较大的损失。养殖业生产经营风险的多样性和风险损失的严重性，需要通过保险机制来分散风险，保障生产的正常进行。

养殖业风险的一些特点，决定了在经营养殖业保险时，对保险责任、承保条件甚至被保险人的要求都比较严格。养殖业在确定保险责任时也应严格判断一种养殖风险是否符合可保性的条件，对风险发生的偶然性、破坏性以及可评估性作出准确的判断，选择合适的承保标的，将不具备承保条件的对象加以剔除。除此以外，由于养殖技术水平的差异，不同养殖者的养殖结果、管理水平差别很大，所以，在业务承保时，对不同技术水平的养殖者应采取不同的费率和承保条件。

四、养殖业保险分类

按照业务管理的需要，养殖业保险按照保险标的分为五种：

1. 大牲畜保险

是以人工饲养的大型牲畜（主要有牛、马、驴、骡、骆驼等）

的生命价值为保险标的的一种死亡损失保险。大牲畜种类多，各个品种价值差别比较大，不同种类的大牲畜保险责任和保险费率也有很大差别。

2. 小牲畜保险

小牲畜保险是以人工饲养的中小牲畜的生命为保险标的的一种死亡损失保险。主要包括猪、羊、兔等生长周期短、速度快、商品率高的中小畜类。小牲畜由于自身的特点，与大牲畜保险在保险技术、保险内容上有很大差别。

3. 家禽保险

家禽保险是以商品性养殖的禽类动物的生命为保险标的的一种死亡损失保险。家禽包括的种类很多，如鸡、鸭、鹅等等。家禽的品种多、生长速度快、商品率高、用途广泛，与其他动物相比，家禽生长中受疾病的威胁最大。因此，家禽保险的经营风险以疾病为主，技术方法多种多样。

4. 水产养殖保险

水产养殖保险是以商品性养殖的水产品作为保险对象的一种损失保险。

根据水产品养殖的环境，水产养殖保险可分为海水养殖保险和淡水养殖保险两种。利用海水进行滩涂养殖的保险标的，属于海水养殖保险；利用江、河、湖、泊、池塘、水库养殖的保险标的，属于淡水养殖保险。

5. 特种养殖保险

特种养殖保险是以经济价值较高、且未经长期驯化的野生动物，或经过人工驯化的且具有一定经济价值的动物为保险标的的一种死亡损失。

以上就是按照养殖业保险标的的不同进行的分类，每一类都有其特点，在实施农业保险时，应该根据它们的特点选择保险责任，设计保单具体内容。

下面几节，我们会对不同种类的养殖业保险做一些比较详细的介绍。

五、进行养殖业保险需要注意的问题

由于动物生长与植物生长的不同，养殖业保险与种植业保险在经营中也有一些不同的、需要注意的地方，主要包括以下几点：

(1) 动物保险中的一个大块就是动物疫病。有关动物疫病的知识专业性很强，单靠保险部门很难对一些病情作出准确的判断。因此，必须有专门的技术人才管理养殖业保险业务，直接经办业务的公司应当具备高级兽医师和保险经济师相互结合的人才配置。

保险人承保的必须是健康的动物，在承保前，需要对保险标的进行专业验标。也就是保险人派出专业人员对所承保的养殖业保险标的进行实地抽查或检查，做到对承保动物健康状况、饲养状况有所把握，并剔除不符合承保条件的标的。在这里需要注意，一些动物疫病的发病存在一段时间的潜伏期，发病之前难以判断是否被疫病感染。为了防止被保险人将带有疫病的动物投保，保险公司一般设立10～20天的承保观察期，对观察期内动物发生的死亡不负赔偿责任，只有在观察期满后，保险责任才开始生效。

(2) 以防为主，防赔结合。养殖业保险的主要风险为疾病，而且，一旦发生风险灾害，带来的损失相对比较大。因此，防病防疫成为养殖业保险防灾防损的主要内容。保险人必须和畜牧兽医部门搞好协作，全面贯彻“以防为主，防赔结合”的原则，对于不防疫的标的不予承保，积极配合防疫部门做好防灾防损工作，以减少保险标的的死亡率。同时，还应配备现代化的交通工具、通信设备、照相设备，具备对疫情的快速反应能力和控制风险能力。

此外，在制定保险费率时，养殖业保险需要考虑地理条件、气象条件、养殖生产条件的差异，依照被保险人的经济能力和自身的经营条件，制定不同的保险费率和管理对策。比如，承保山区大牲畜和承保平原大牲畜的费率和承保条件就应该有区别。在确定保险金额时，也是以维护养殖业简单再生产为目标，采取不足额承保，只承保保险标的价值的5～7成，而且通常只保成本不保价值。在保障养殖业生产正常进行的同时，防止被保险人通过养殖业保险获取不当利益。

第二节 大牲畜保险

大牲畜主要指农业生产中的牛、马、驴、骡等，它们不仅为人类提供食物，而且为农业生产提供畜力，是我国农民的主要财产。大牲畜保险对促进农牧业生产、保障人民生活具有重要意义。

一、大牲畜保险的概念和特点

大牲畜保险以大牲畜为保险标的，是大牲畜的所有者将自己饲养的符合保险条件的大牲畜向保险人投保，并按双方约定向保险人交纳保险费，投保人对保险标的因遭受保险责任范围内的死亡或永久丧失使役能力而造成的损失，向被保险人进行经济补偿的保险。

大牲畜保险具有以下特点：

（1）保险标的的生命周期较长，可保时间也比较长。保险标的的保期通常为一年；

（2）保险标的死亡后，价值不一定完全丧失，其尸体可能仍具有较高的价值。比如：死亡的大牲畜皮毛可以作为轻工业原料，尸肉可以食用（有疫病的除外）。

（3）保险标的风险高。大牲畜一旦发生传染性疾病，损失率高，损失大。

二、参加大牲畜保险的条件

参加保险的大牲畜在年龄、健康状况以及饲养管理上，必须具备以下条件：

1. 大牲畜保险的年龄规定

之所以有年龄规定，是因为畜龄的大小与牲畜死亡率高低有着密切的关系。大牲畜保险承保的牲畜应该具有正常的役使能力，对于死亡率太高的幼畜和属于淘汰范围的年老的牲畜，不宜作为承保对象加以承保。

大牲畜一般有幼年期、青年期、成年期、衰老期，各种家畜用途不同，可役使的年龄也不一样，保险中对畜龄的规定也不相同。我国对大牲畜保险的规定一般为：黄牛，1～13 周岁；水牛，1～15 周岁；马，1～13 周岁；驴，1～11 周岁；骡，1～15 周岁；骆驼，1～12 周岁。当然，在不同地区、不同情况下可以有所不同。

2. 饲养管理状况的规定

大牲畜保险对饲养管理正常的大牲畜才给予承保。

根据保险的原则和要求，保险人必须对大牲畜的饲养管理状况做限制性规定，只有饲养管理正常的大牲畜才能承保。因为是否饲养管理正常，直接影响到大牲畜的成活率、病淘率和死亡率。牲畜应有合适的畜舍、饲料和饮水。被保险人在饲养过程中要做到：对被保险的牲畜精心照料，使役合理，并对任何可能发生的损失采取预防和安全措施。被保险的牲畜生病时，必须有兽医到场诊治，尽量保障牲畜的健康。

3. 健康状况的规定

投保的大牲畜必须是无伤残、无疾病，经过兽医部门体检合格的。

只有健康的大牲畜，才能够承担田间作业，为人们带来经济利益。伤残、疾病的大牲畜，本身就没有什么经济价值，如果它们也被承保，会造成保险人不必要的赔付。投保时牲畜的健康情况要由兽医部门进行体检，体检合格者才能投保。

三、大牲畜常见疾病

1. 口蹄疫

俗称“口疮”、“蹄癀”，是牛、羊、猪等家畜的一种急性、热性传染病，以牛的易感性最高。此病传染性强，传播速度快，可以通过空气、草料、饮水、饲料、运输工具传播。

口蹄疫以预防为主，在经常发病的地区对易感动物进行疫苗接种，一旦发病，对疫区严格封锁。对疫区内的动物严格检查，病畜就地治疗或屠宰，并将污染物深埋或烧毁，要对受到污染的圈舍、饲槽、工具等做消毒处理。

2. 炭疽

是一种人畜共患的传染病。耕牛、奶牛、马属动物均可感染。本病的发生呈地方性流行或散发，夏季多发。

经常发生或2～3年内发生过炭疽的病区，每年春季或秋季必须接种一次炭疽芽孢疫苗。发生炭疽后，应对疫点进行封锁，对病畜尸体和被污染的草料、粪便等一律销毁，对畜舍进行消毒。

3. 肠胃炎

是一种大牲畜常见疾病，发病时腹泻、排泄物恶臭、舌苔厚、食欲减退，大多都伴有体温升高。

为防止此病发生，应加强动物喂养管理，注意不喂变质的饲料，避免动物误食有毒植物或农药等化学药品，避免过度役使。

4. 巴氏杆菌病

又称血性败血症，是由多杀性巴氏杆菌引起的多种动物共患的一种急性传染病，以高热、肺炎和内脏广泛出血为主要特征，可以通过呼吸道和受污染的饲料和水传染。

为预防此病，平时应加强对大牲畜的饲养管理和清洁卫生，增强其肌体抗病能力。对病畜和疑似病畜应严格隔离，对污染过的厩舍和用具用消毒药消毒。

除了以上几种以外，气肿疽、肺片吸虫病等也都是大牲畜饲养过程中容易出现的病症，养殖者和保险人应对这些病的特征、发病情况、发病原因、预防和治疗措施等有所了解，尽量避免它们给养殖的大牲畜带来危害。

第三节 大牲畜保险的技术要点

一、保险责任和除外责任

1. 保险责任

保险条款一般对保险大牲畜因以下原因造成的死亡损失负责：

(1) 在牲畜饲养过程中，由于洪水、雷击、雪灾、冰雹、龙卷风、地震、崖崩等自然灾害，以及火灾、爆炸、触电、空中运行物体坠落、固体物体倒塌等意外事故造成的大牲畜死亡或残废。

(2) 大牲畜本身由于疾病、胎产或阉割造成的死亡，或是由于特定传染病造成的死亡，如口蹄疫、炭疽、巴氏杆菌病等。

(3) 为防止传染蔓延，经当地县级以上政府或畜牧管理部门命令捕杀掩埋或焚烧的。

2. 保险除外责任

为促进投保人对自家的大牲畜进行科学饲养、合理管理，保险人制定了责任免除条款。凡由于以下原因造成牲畜的死亡、伤残或损失，保险人不负赔偿责任：

(1) 被保险人及其家庭成员饲养管理不善或故意行为。

（2）冻饿、中暑、摔跤、中毒、互斗、阉割、走失、被盗、宰杀。

（3）观察期内的疾病。

（4）战争、军事行为或暴乱。

（5）其他不属于保险责任范围内的伤亡损失。

二、保险期限

保险期限，就是大牲畜保险责任起止时间，保险人只对这个期间内发生的保险责任事故负责。

大牲畜都有比较长的生命年限，大牲畜保险的有效期限一般为一年。为了防止带病牲畜参加保险，牲畜保险的责任期限一般都规定了“健康观察期”，即在保单中明确规定，在签订保单 10～20 天后，保险人才开始负责，如果这个期间牲畜因病死亡，保险人不负赔偿责任。

如果没有保险观察期，保险责任从保险单签订起保日的零时起至保险期满日的 24 时止；如果有观察期规定者，保险责任从观察期结束后的第一天零时起至保险期满日的 24 时止。如，“健康观察期”是 10 天，则从第 11 天零时起计算保险期限。

三、保险金额

大牲畜的保险金额，是在大牲畜遭受保险责任范围的损失后，保险人对被保险人进行赔偿的最高限额。

确定大牲畜保险金额的方法有两种：一种依市场价值来确定，另一种由保险双方共同商议价值约定。前一种方法简单易行，容易操作，保险双方都比较容易接受，是经常采用的一种方法。

按市场价值确定保额，就是按照当地大牲畜的市场价格确定保额，实行不足额承保，最高保额不超过当地大牲畜市场价格的 60%。

保额要根据所属地区的经济水平、生活水平的高低，自然、地理、气候特征、人们的道德水准等来加以确定。从我国大部分地区的实际情况来看，必须坚持实行适度低保额，这样可以适应广大农民支付保险费的经济能力，便于扩大保险服务面，为牲畜的养殖提供保险服务。

四、赔偿处理

发生灾害损失后，应及时调查受灾情况，确定保险责任，对责任范围内的损失给予赔偿。

大牲畜保险赔偿处理的程序是：

1. 损失通知

保险牲畜发生损失时，被保险人必须立即或尽快通知保险人，以便保险人及时到现场查勘，确定损失情况。

2. 审核

保险人接到报案后，要立即核对保单和有关单证，审查风险发生是否在有效期内，弄清楚损失的大牲畜是否属于保险标的，其损失是否由所保风险引起的，是否是保单承保的死亡责任，索赔人是否有权提出索赔要求等。

3. 现场调查

保险人在初步确定赔偿责任后，就需要进行现场查勘，最后确定赔偿责任。主要是实地考察、了解、调查出险的标的、时间、地点以及原因等情况是否与保险单保险条款相符合。

调查可以通过询问被保险人、饲养人或是被保险人周围人，包括兽医部门工作人员以及左邻右舍，看他们反映的情况与被保险人反映的是否一致；另外，对于死亡的牲畜，应当进行尸检，确定死亡时间和死亡原因，最后确定是否属于保险责任。

4. 保险赔偿

在确定损失的确属于保险赔偿责任后，应根据约定确定损失金额和赔偿金额。

大部分大牲畜死亡后，仍具有一定的残值。如它的毛、皮、肉可能还有一定价值，这部分价值在赔偿时应该扣除。对于一般责任的死亡，按承保全额扣除可利用的畜肉和畜皮价值后进行赔付，实际工作中一般把残值定为30%左右；如果是传染病，则畜皮、畜肉不准拿来利用，也不扣除残值。

理赔的方式有三种：

(1) 由基层公司派人现场查勘并当场赔付。

(2) 现场查勘时，由基层公司保险查勘人出具事故定损单，双方在上面签字，以表示达成赔款协议。保险人回单位办理赔案，经过批复后，由被保险人直接去领赔款，或是把赔款划到代办站，再由代办站把赔款交到被保险人手中。

(3) 基层支公司委托代办站查勘定损赔款，再办理赔案。

比较以上三种方法，以第一种最为迅速、准确，但在现场理赔，各种手续要齐备。比如：双人定损，现场照片，大牲畜死亡证明，保险人和被保险人的签字等。

第四节 大牲畜保险举例

目前我国大牲畜保险的主要险种有：耕牛保险、奶牛保险、肉牛保险、养马保险。

一、耕牛保险

耕牛保险是以耕牛为保险标的的一种死亡保险。耕牛是我国农村生产中使用非常普遍的一种大牲畜，耕牛保险适应现阶段农村保险的需要，有广阔的市场。

1. 保险对象

凡全民、集体所有制单位和个人所有的耕牛从1周岁后到10周岁、饲养管理正常、无伤残疾病并具有正常役使能力的均可参加保险。

2. 保险责任

凡参加保险的耕牛，在保险期限内因下列原因造成的死亡，保险人负责赔偿：疾病、自然灾害、意外事故造成的死亡；当地政府部门或畜牧部门为防止传染的蔓延命令捕杀或掩埋的。

3. 除外责任

因下列原因造成的耕牛死亡，保险人不负赔偿责任：

(1) 被保险人及其家庭成员管理不善或故意行为。

(2) 被盗、走失、冻饿、中暑、中毒、摔跤、淹溺、宰杀、阉割。

(3) 观察期内因保险责任范围内的原因造成的死亡。

(4) 其他不属于保险责任范围内的死亡。

4. 保险期限

保险耕牛从签单之日起的15天内为观察期，观察期满后，保险责任开始，保险期限为1年，自签单后的第16日零时起至期满日的24时止。

5. 保险金额

保险金额按照市场价格确定，一般不超过当地当年市场价格的70％。

6. 被保险人的义务

(1) 被保险人应严格遵守有关部门关于保护耕牛的规定和保险人提出的合理建议，对耕牛加强饲养管理，合理使役，做好防疫防灾工作，对病伤耕牛要及时治疗，加强护理。

(2) 被保险人要在签发保单的同时一次缴清保险费。

（3）保险耕牛在保险有效期内出卖或转让时，被保险人应及时向保险人办理批改手续，但不可以退保。

（4）保险耕牛如果发生保险责任范围内的事故，被保险人应当在24小时之内通知保险人，并提供耕牛死亡原因诊断书，如实回答保险人需要了解的有关情况。

7. 赔偿处理

保险的耕牛如果发生保险责任范围内的死亡时，经保险人核实确实是在签发保单16天后死亡的，按照条款有关规定以及保单载明的保险金额减去畜尸、畜皮的残值进行赔偿。

如果保险责任范围内的死亡是由第三者造成的，被保险人应向第三者追偿。如果经过三个月未能追得赔款，可以由保险人先赔。被保险人向人民法院或有关部门提出诉讼或追偿请求，保险人方可先赔，同时被保险人将追偿权利移交保险人，并协助保险人向第三者追偿。

赔款协议一经达成，保险人需在10日内赔付。如果双方发生争议，应本着实事求是的精神协商解决，双方达不成协议时，可提交仲裁机构或人民法院处理。

二、奶牛保险

奶牛保险是以饲养的奶牛作为保险标的的一种死亡保险。

1. 保险对象

凡集体或个人饲养的奶牛，饲养管理正常，无疾病、无伤残并具有正常产奶能力，牛龄在2～8周岁的，都可以参加保险。被保险人应将符合上述条件的奶牛全部投保，无特殊情况，中途不得退保。参加保险的奶牛场或个人，如果新添置奶牛，经过检疫符合投保条件的，也必须全部投保。

2. 保险责任和除外责任

奶牛保险的保险责任和除外责任与耕牛保险基本相同，但是除外责任需要加上一条：无繁殖能力、产奶量低、属于更新的自然淘汰奶牛，保险公司不负赔偿责任。

3. 保险期限

保险的有效期限通常为一年，从约定起保日零时起至终止之日的24时止。

4. 保险金额

保险金额根据市场价格确定，一般按照当地当年市场价格的50%～60%约定保险金额。

5. 被保险人的义务

被保险人应当严格遵守有关部门关于保护奶牛的规定和保险人提出的合理建议，对奶牛加强饲养管理，做好防灾防疫工作。对患病奶牛及时治疗，妥善护理。

被保险人应当在签订保单的同时，一次交清保险费，保险奶牛如果发生保险责任范围内的事故时，应积极采取救护措施，并在24小时之内及时通知保险人。

6. 赔偿处理

（1）被保险人在向保险人索赔时，应提供保险单和兽医部门出具的死亡证明书，经检验后奶牛尸体由被保险人自行处理，保险人按保额扣减牛肉、牛皮变价后赔付。

（2）如果保险责任范围内的死亡是由第三者造成的，被保险人应向第三者追偿。如果经过三个月未能追得赔款，可以由保险人先赔。被保险人向人民法院或有关部门提出诉讼或追偿请求，保险人方可先赔，同时被保险人将追偿权利移交保险人，并协助保险人向第三者追偿。

（3）赔款协议一经达成，保险人需在10日内赔付。如果双方发生争议，应本着实事求是的精神协商解决，双方达不成协议时，可提交仲裁机构或人民法院处理。

第五节　小牲畜保险

小牲畜是指人类为了经济或其他目的而驯养的中小型哺乳动物，主要包括猪、羊、兔。它们为人类提供动物性蛋白质，对提高人民生活水平有着重要作用。

一、什么是小牲畜保险

小牲畜保险是以人工养殖的猪、羊、兔等中小型哺乳动物为承保对象，在其遭受自然灾害、意外事故和疫病造成损失的情况下，对被保险人提供经济补偿的一种保险方式。在小牲畜保险中，原中国人民保险公司曾开办的主要险种有：养猪保险、养羊保险、生猪屠宰保险。

同大牲畜保险一样，小牲畜保险标的是有生命的财产。小牲畜的生长和生活需要适宜的环境和正确的饲养管理方法，环境条件不合适，管理不得当，就会引起疾病甚至死亡。并且，小牲畜的经营方式一般采用工厂式的集约化养殖，一旦灾害事故发生，传播快、控制难，一个地区发生疫病灾害有时会波及其他地区甚至全国，损失严重。小牲畜养殖中的风险特点需要在保险中严格制定参加保险的条件，对养殖动物的健康状况和养殖者的技术水平制定相应的标准。

二、参加小牲畜保险的条件

参加小牲畜保险需要被保险人和保险标的具备以下条件：

1. 对投保人的要求

参加小牲畜保险的投保人应该是承保标的的主人或者单位。这样有利于加强保险牲畜的饲养管理，加强防疫防灾工作以及实施经济补偿。

由于小牲畜养殖需要一定的技术水平，小牲畜的生长状况与饲养人密切相关，所以投保人必须具备一定的饲养该品种的经验。

2. 对小牲畜健康状况的规定

投保的标的必须是无伤残、无疾病、营养良好，经畜牧兽医部门体检合格，并按照免疫程序预防注射接种的小牲畜。

投保的小牲畜是否健康，需要人们仔细观察，加以查看。生病小牲畜的精神状态、营养状况、步伐、皮毛以及眼睛、鼻腔都有可能跟健康的小牲畜有所差别。比如，健康牲畜鼻腔黏膜稍湿润，有光泽，呈淡红色；但患了流感的牲畜会出现鼻腔黏膜潮红、肿胀等症状。在承保之前，应该仔细查看承保的小牲畜有没有这些症状，避免承保病畜。

3. 对畜龄的要求

投保的小牲畜要符合投保年龄的规定。因为在不同畜龄的牲畜抗病能力是不同的。

对于处于哺乳期的小牲畜，各项机能发育还不够完全，免疫力低，对疾病抵抗力弱，容易得病，死亡率高。因此，要求小牲畜从断乳后才给予承保。比如，仔猪要从断奶分栏起，种兔出生 3 个月后才会给予承保。

对于老龄牲畜，身体已经进入衰老阶段，各种机能下降，属于自然淘汰，一般也不予承保。

4. 对小牲畜饲养环境的要求

饲养环境也是确保小牲畜正常生长的重要条件。参加保险的小牲畜，场址的选择和场内建筑物的布局必须符合畜牧兽医部门的要求，必须建在非疫区、非蓄洪行洪区，且在当地洪水水位线以上。小牲畜的畜舍也必须符合它们的生长特点，畜舍内的温度、湿度、通风、光照、饲养密度必须满足需要。

三、小牲畜常见疾病

动物疾病是严重影响农业生产的因素之一，是畜牧业生产面临的主要风险。目前小牲畜保险主要以猪、羊、兔为保险标的。我们主要介绍这几种动物的常见疾病。

1. 猪的常见疾病

（1）口蹄疫：是存在于偶蹄动物当中的一种急性、热性、高度接触性传染病。发病时口腔黏膜、蹄部和乳房皮肤发生水疱。为预防此病，平时应注射疫苗，发病后，应尽快进行封锁隔离，防止蔓延。

（2）猪瘟：是一种由猪瘟病毒引起的具有高度传染性的疾病。在饲养中应加强饲养管理，定期预防接种，定期消毒、杀虫、灭鼠以及进行粪便无害化处理。

（3）猪丹毒：是猪的一种急性的、败血性传染病。发病时出现高热，皮肤上形成大小不等、形状不一的紫红色疹块。预防此病，平时应加强饲养管理，定期进行预防接种。该病可用抗生素治疗。

此外，猪传染性水疱病、猪乙型脑炎、猪细小病毒病、猪肺疫、猪囊尾蚴病也是在猪养殖过程中经常遇到的疾病。

2. 羊的常见疾病

（1）羊肠毒血症：绵羊的一种急性传染病，发病突然，死亡迅速。可采用在疫区每年注射疫苗进行防治，发病慢的可用抗生素或磺胺类药。

（2）羊猝疽：是由C型魏氏梭菌引起的一种毒血症，以急性死亡、腹膜炎和溃疡性肠炎为特征。多发病于成年绵羊。

3. 兔的常见疾病

（1）兔出血症：是由病毒引起的一种家兔急性、烈性传染病。本病传播速度快，流行面广，死亡率高。防治此病，要严格防止从疫区购买种兔，发病后，迅速隔离病兔，封锁兔场。在经常发病的地区应定期预防接种。

（2）兔梭菌性下痢：是由A型魏氏梭毒素所致的、兔的一种急性致死传染病。发病时急剧腹泻，水样粪便，迅速死亡。防治此病，应改善病兔群的饲养管理，消除发病诱因。病兔可注射抗菌素。

第六节　小牲畜保险技术要点

一、保险责任和除外责任

1. 保险责任

保险中的小牲畜由于下列原因致死的，保险人负责赔偿：

（1）由自然灾害，如洪水、火灾、冰雹、地震、泥石流等造成的死亡。

（2）由各种动物传染病，如猪瘟、羊肺疫、兔败血症等造成的死亡。

（3）一些意外事故，如固定物体倒塌、投毒、触电、淹溺等造成的死亡。

（4）县级以及县级以上政府为控制传染病，命令捕杀、掩埋、焚烧的动物。

对于各种气象灾害和意外事故，人们一般可以通过合理选择养殖场所和控制饲养环境来加以防范，所以这些风险灾害发生的几率很低，但是一旦发生，会给农户带来难以承受的损失，所以被列为保险责任。

当今的集约化养殖，饲养密度大，为动物疫病和疾病提供了条件，使传染病成为动物养殖中最为常见的风险灾害。根据有关资料，“八五”期间，我国畜牧业因疾病造成的经济损失平均每年达120多亿元，80%以上是由传染病引起的。各类传染病一旦爆发，会给养殖者带来严重的损失。国家采取各种防疫办法来尽力预防和控制动物疫病的发生，保险公司也将对生产危害大的集中疫病列为保险责任。一些非传染性疾病，一般可以通过加强饲养管理、提高养殖技术来降低发病率，一旦发病，也只是造成零星死亡，不会对生产有严重影响，所以不将它们列为保险责任。

2. 除外责任

为督促被保险人加强饲养管理，防止道德风险的发生，保险人一般规定了以下保险除外责任：

(1) 被保险人及家属成员或饲养人员的故意行为或过失造成的风险标的的死亡，如：不按兽医部门的规定防疫，不按规定程序喂养等。

(2) 由于被保险人管理不善造成的被盗、走失、冻饿，以及违反防疫部门的规定，不按时按量用药等行为造成的损失。

(3) 由于战争、军事行动或暴乱带来的灾害事故造成的死亡。

(4) 自然淘汰，如种畜老化，不符合配种要求需要进行淘汰。

(5) 其他不属于保险责任范围内的死亡。

二、保险期限

保险期限是保险合同规定的有效期限。保险期限的长短是根据小牲畜的生长特点、用途、畜种、畜别设计的。

(1) 按畜种的育肥期确定，即从断乳后承保至出栏宰杀为止。此种方式主要适合以育肥为主要目的的家畜。这类家畜具有当年繁殖，生长期较短等特点。由于仔畜在哺乳期内，身体机能尚未健全，抵抗力差，死亡率高，故不宜承保，应从断乳后开始承保。

(2) 用于生育繁殖仔畜的种畜，饲养年限和使用年限较长，通常以年为保险计算单位，一般为一年。

（3）按屠宰期确定。用于屠宰保险，保险期限以天计算，从牲畜进入屠宰场开始至宰杀为止。

保险期限的确定还要考虑牲畜的品种类型、畜龄、饲养管理水平、健康状况等因素，根据不同情况具体设计保险期限。与大牲畜保险一样，小牲畜的传染病有一个潜伏期。为了避免承保病畜，小牲畜保险通常也确定一个“保险检疫期”，在检疫期内家畜如果因疾病死亡，保险人不负责赔偿责任，并退还保费。检疫期满，家畜正常，则保险责任从检疫期的次日零时生效。

三、保险金额

保险金额是小牲畜遭受保险责任范围内的损失后，保险人对被保险人进行赔偿的最高限额。

家畜保险金额的确定方式一般有两种：一是估价承保，就是由保险人和被保险人以及公证人参考当地当时家畜的市场价格确定家畜价值，保险人再按照这个价格的一定成数（5～7成）承保。另一种是定额承保，就是根据家畜的种类和年龄，分析计算已经投入的成本，制定不同档次的保险金额，投保人再根据家畜实际价值选择合适的保额档次。保额一般相当于实际成本的5～6成。

不论是估价承保还是定额承保，必须以保险标的的实际价值为基础。实际价值一般通过市场价格体现出来，保险人应随时掌握保险标的的市场销售价格、养殖成本的投入情况，为确定合理的保险金额奠定基础。另外，小牲畜保险一般也是不足额承保，以减少投保人不精心饲养带来的损失。

在我国，由于保险人业务经营水平和承担风险能力以及被保险人的经济能力有限，以保障养殖经营者最基本的生产经营恢复为目标，一般采取只保成本的做法，也就是上面讲的分阶段定额承保，弄清楚不同阶段养殖投入成本，计算出不同生长期出险所造成的损失，按照成本的6成确定保险金额。

四、保险查勘与理赔

保险人接到出险报案后，应查对灾害事故是否属于保险责任，时间是否在保险单的有效期内。

核实保单后，及时赶赴现场，进行现场查勘。进行现场查勘首先应当询问被保险人或饲养员，了解灾害发生的时间、类型、防疫情况，查看医药单证以及兽医诊断结果。根据被保险人陈述的情况及兽医诊断结果，对圈舍现场进行检查，看有没有动物因生病或意外事故留下的痕迹。另外，还可以对动物尸体进行查看，通过尸体的外貌特征，推算死亡时间和所患的疾病，看被保险人的陈述是否属实，是否属于保险责任范围。

在确定属于保险赔偿范围后，确定损失，按照事先约定的计算赔偿金额，同时向被保险人提出残体处理方法和整改建议，赔偿处理应遵循“主动、迅速、准确、合理”的八字方针。

因自然灾害、意外事故以及普通疾病致死的残体，有利用价值的，交由被保险人处理，扣除残体价值后再赔款。如果是政府命令捕杀、掩埋、焚烧的保险标的，不扣残值，但这种情况下政府一般会给予补贴，赔款中应将补贴部分扣除。

第七节　生猪保险

养猪业是近年来发展较快的行业，为发展养猪生产，使生猪饲养者在饲养生猪过程中因遭到灾害事故所致损失得到及时补偿，保障生产持续稳定发展，特举办养猪保险。

养猪保险是对生猪饲养者在饲养过程中因遭受自然灾害、意外事故和猪只患特定疾病造成的经济损失提供经济补偿的一种保障方式。

一、承保条件

根据我国目前生猪饲养管理水平，参加养猪保险需要符合以下承保条件：

（1）承担饲养基础母猪在100头以上，年出栏商品猪1200头以上的规模化养殖场以及以乡为单位的统保，对于零星散养的生猪原则上不保。

（2）养殖场规章制度健全，投保猪的品种已经在当地饲养过一年以上，经兽医部门验明无伤残、无疾病，营养良好，按免疫程序预防接种，饲养管理正常，种猪的使用年限在3年以下，育肥猪体重为10～100公斤。

（3）养殖场场址必须在非蓄洪行洪区，并且在当地洪水水位线以上，场内布局及圈舍环境符合畜牧兽医部门要求。

二、保险责任和除外责任

1. 保险责任

（1）火灾、地震、洪水、暴龙卷风、洪水等自然灾害，以及雷击、爆炸、空中运行物体坠落等意外事故造成的死亡。

（2）动物疫病，如猪瘟、猪丹毒、口蹄疫、猪肺疫、母猪难产等造成的死亡。

（3）县级及县级以上政府命令宰杀、掩埋、焚烧的。

2. 除外责任

（1）被保险人以及家庭成员、饲养人员的故意行为。

（2）被盗、走失以及冻饿致死。

（3）其他不属于保险责任的死亡。

三、保险期限

根据生猪饲养周期，部分保险公司规定，育肥猪保险期限最长为 8 个月，种猪保险期限为 1 年左右。保险责任从保险单约定起保之日零时起至保险期满日的 24 时止。

生猪投保后，规定检疫期为 7 天，检疫期内发生疾病死亡，保险公司不负责赔偿。

四、赔偿处理

除按照一般小牲畜保险赔偿处理的规定查勘定损、计算赔款外，养猪保险的赔偿还要注意以下几点：

（1）保险公司按死亡猪的实际重量划分档次，定额赔付或按斤计赔。

例如：若按质量计赔的话，如果尸重 60 公斤，赔付单价每公斤 7 元，按市场价格的 70%赔付，那么：

赔款额 $= 60\times7\times70\% = 294$（元）

（2）为督促保险人及时出售育肥猪，提高养猪经济效益，规定保险育肥猪尸体重量超过 100 公斤时，按 100 公斤计赔。

（3）养猪生产是高度集约化生产，一旦发生风险，会造成大面积损失。对于养殖中出现的零星死亡，视同正常死亡，保险公司不负赔偿责任。为此，保险公司设定了一定的免赔率，在免赔率以内不予赔偿。

第八节　家禽保险

家禽是指经过人类长期驯化，在家养条件下可繁殖，具有经济价值，能为人类提供肉、蛋、羽等产品的禽类统称。

一、什么是家禽保险

家禽保险是指对商品性家禽生产过程中由于自然灾害、意外事故或疾病造成家禽死亡的损失保险。

家禽保险标的按照不同的划分方法可以分为三类：

（1）按照家禽的类别、生产用途以及生物特性可以分为养鸡保险、养鸭保险、养鹅保险。

（2）在同一禽别中，按照不同生长发育规律可以分为雏禽、成禽和淘汰禽。各个发育阶段的经济价值不同，所面临的危险程度也不一样。

（3）按照饲养的经济目的不同，养鸡保险可分为肉食鸡保险、蛋鸡保险。

家禽的种类繁多，不仅有鸡、鸭、鹅等动物种类，同种动物中还存在着不同的品种，在承保时应根据不同特点的家禽制定不同的保险方法和保险标准。而且，有些家禽还有群居、好斗、常见病种类多、死亡率高的特点，会给确定保险标的死亡原因带来困难，在确定保险责任时也应当加以考虑。

二、参加家禽保险的要求

参加家禽保险，必须符合以下要求：

（1）投保的家禽必须是在当地饲养过一定年限的品种，对新引进的品种必须有一个适应期。投保时家禽无疾病、无伤残。

（2）饲养场必须具备一定规模，通常鸡至少在2000只以上，鸭和鹅数量可以少些。

（3）场址选择合理，场舍建筑布局符合养殖要求，禽舍内光照、温度、相对湿度适宜，通风良好，有防暑降温措施。另外，保险公司对于已发生传染病被划分为疫区的家禽不予承保。

还应注意的是，一个单位的禽类应全部向保险人投保，不能选择投保。

三、家禽常见病种类

家禽饲养过程中，会受到自然灾害、意外事故和疾病的威胁。其中，疾病是家禽饲养过程中最为常见的风险灾害。下面，介绍几种常见疾病：

（1）禽流行性感冒，简称“禽流感”。是由A型禽流感病毒引起的一种高度接触性传染病。发病特征为呼吸道症状，精神萎靡不振。本病近年在我国时有发生，导致禽类的大量死亡，并造成了较大的损失。

（2）禽霍乱。又名禽巴氏杆菌病，或称出血性败血症。是由多杀性巴氏杆菌引起的一种急性败血性传染病，发病率和死亡率都很高，对养禽业有很大威胁。

另外，啄癖、脐炎、消化不良、胸囊肿、食道炎、蛋白质过多症、鸡腹水综合症等也是家禽病中的常见疾病。家禽中一些疾病存在一定的潜伏期，在承担保险责任时应注意设定一个观察期，以防止被保险人将带病的家禽投保。

第九节　家禽保险的技术要点

一、保险责任和除外责任

1. 保险责任

保险家禽由下列原因造成的死亡，保险人负责赔偿：

（1）因遭受雷击、暴风雨、洪水、雹灾、地震、崖崩和泥石流等自然灾害造成的死亡。

（2）由于火灾、爆炸、触电、建筑物或其他物体倒塌造成的死亡。

（3）因发生疫病造成的死亡。

（4）为了防止瘟疫蔓延，当地政府扑杀掩埋造成的损失。

2. 除外责任

（1）被保险人及其家庭成员、饲养人员的故意行为造成的损失。

（2）正常淘汰范围以及由于非瘟疫原因造成的家禽零星死亡。

（3）在观察期内家禽因疾病导致的死亡。

（4）其他不属于保险范围的损失。

二、保险期限

家禽饲养期限是保险人对承保家禽承担保险责任的起止时限。家禽保险的保险标的大小不同、体重不同、饲养期限长短不同、生长速度快慢不一，因此，各种家禽的保险期限长短不一。一般根据各种保险标的的饲养周期确定家禽的保险期限。

饲养周期在一年以内的保险标的，可以按饲养期或短于饲养期的时间定为保险期限；饲养期超过一年的，一般按年限（通常为一年）确定饲养期。主要分以下三种情况：

（1）肉用禽保险期限：从10日龄开始至家禽售前为止，一般为7～8周。

（2）蛋禽保险期限：从产蛋起至产蛋结束。蛋鸡保险期限为一年。

（3）种禽保险期限：一般为一年。幼雏（0～6周龄）不予承保。因为幼雏阶段发育不完全，机能不完善，抵抗力差，死亡率高。

三、保险金额

家禽饲养周期短，成熟快，确定保险金额时需要考虑家禽类别、生长阶段和市场变化等因素的影响，在确定保额时，一般采用下面两种方法：

（1）定额承保。也就是按投保时家禽市场价格的一定成数承保，比如承保4～6成。

（2）根据家禽的生长规律及特征，采用变动的方式确定保额。与农作物生长不同，农作物只有在收获卖出后成本才能收回，一些家禽在保险期内就可以慢慢收回成本了。比如蛋鸡，随着产蛋量的增加，成本也在慢慢收回。家禽在不同的生长阶段，其价值以及成本的投入是不一样的。比如，对于鸡来说，雏鸡价值低，成鸡价值高，到一定阶段，成鸡价值又会下降。在确定保额时，应考虑到这种变化，分阶段确定保额。为使保额更确切地反映饲养成本的投入和家禽的生理状况，一般采用每日变动保额的方式确定保额，也就是家禽生长过程中的每一天，保额是不一样的，按照不同阶段生产成本的一定成数确定保额。

家禽的保险金额，应当在制定条款时事先规定，保险金额不宜过高，以防止发生养殖者不认真养殖的风险。

四、保险赔偿处理

1. 调查损失情况

养殖者在保险家禽发生保险责任事故时，应采取积极的救护措施，减少损失，并在24小时以内通知保险人到现场查勘处理。保险责任范围内死亡家禽，未经保险公司同意和兽医部门鉴定，不得私自处理。

保险公司在接到报案以后，应先核对保单，初步确定属于保险责任后，立即赶赴出险现场进行调查。调查的内容主要是明确导致保险标的死亡的原因，以及出险的时间和地点，以确定是否属于保险责任。

在确定死亡原因时，可以主动询问被保险人情况，确认出现原因、出险的时间、地点、经过。如果是疾病，可以询问发病初期、中期、后期的症状特征以及治疗情况。被保险人还应主动提供死亡数量按天记载的详细记录，兽医和有关部门出具的死亡原因证明、出险后实有存栏数量记载账册和盘点清单。

了解基本情况后，可以对禽舍进行检查，通过现场痕迹以及一些遗留物，比如粪便、气味以判断被保险人叙述是否属实。另外，还可以对动物尸体作出观察，通过查看其营养状况、皮肤以及外表判断死因，对一些疑难病症或特殊病状，可以对尸体做进一步的解剖，认真细致地观察各种症状变化，有必要的话，可以聘请专家到现场或采集有代表性的样本到技术部门进行鉴定。

除此以外，确定准确的出险日期也是一项重要的工作。因为家禽保险的保险金额是根据家禽的生长日期确定的。家禽在不同的生长阶段，其赔偿金额是不同的。所以，只有准确地确定出险时间，才能正确地确定赔款金额。

2. 损失的赔偿

在经过查勘，确认损失的确属于保险责任后，就应根据损失程度和保险合同的规定确定赔偿数额。

因为家禽养殖通常采用的是高密度集约化生产，在死亡的鸡群中，除了因保险事故死亡外，还有其他原因造成的死亡和一些自然淘汰的死亡，对于这些情况下的死亡，保险公司是不负赔偿责任的。所以，保险公司根据不同保险对象、饲养管理情况和饲养环境规定了一定的免赔率，赔款按保险条款规定的保险金额扣除免赔额后计算。

并且，凡是符合赔偿规定的死亡家禽，如果仍有残值，应归被保险人所有，并从保险金额中扣除。

对于高密度饲养、集约化经营的饲养业，在确定损失数量时，一般采取查验、清点动物尸体的方法。在采用变动方式计算保额的情况下，赔款的计算公式为：

赔款金额 ＝保险家禽死亡数×死亡时的保险金额

×（1－免赔率）－残值

保险公司通常规定被保险人应将饲养的所有符合承保条件的禽类投保，不能选择性投保。如果损失查勘时发现被保险人实际拥有的数量超过承保数量，则按承保数与实有数的比例计赔。

比如：某农场投保了3000只鸡，发生灾害损失时造成了500只死亡，保险人在查勘现场时发现，这个农场实际有4000只鸡，那么：（3000÷4000）×100％＝75％，则死亡家禽的数量按照500×75％＝375计算。也就是说，上面的公式中，保险家禽死亡数按照375只，而不是500只来计算。

第十节　蛋鸡保险

养鸡保险根据饲养目的不同，主要分为蛋鸡保险和肉鸡保险，我们以蛋鸡保险为例，介绍一下家禽保险。

一、承保对象

蛋鸡保险承保的是大型养殖场或饲养专业户饲养的商品蛋鸡。被承保的蛋鸡品种是已经在当地养殖多年，或已经被证明是引种成功的品种。鸡场鸡舍符合养殖要求，经营管理水平达到专业水平，卫生、防疫、消毒制度健全，被承保的蛋鸡经卫生防疫部门检验无疾病、无伤残，并属于非疫区的禽类。

二、保险责任和除外责任

蛋鸡保险责任和除外责任与家禽养殖保险责任和除外责任类似，这里不再重复。

三、保险期限

蛋鸡一般分为育成期和产蛋期两个阶段承保。承保时设有观察期，一般为 7 天左右，可视具体情况而定。

育成期保险期限一般是从满 6 周龄开始承保至 18～20 周龄；产蛋期一般从育成鸡饲养到 18～20 周龄转群上笼进入产蛋期开始承保，保险期限通常为一年。在确定保险期限时还应注意，蛋鸡的饲养周期一般为一年，一年过后，产蛋能力下降，鸡群已经没有饲养价值，要进行自然淘汰，所以，保险期限到期的蛋鸡不能续保。保险期限结束时，保险的蛋鸡不应超过 70～72 周龄。

四、保险金额

蛋鸡的保险金额是采取变动保额方式，按照保险成本确定的。

我们知道，农作物只有在收获卖出后成本才能收回，与农作物生长不同，像蛋鸡这样的家禽，尽管投入的饲养成本是逐渐增加的，但随着产蛋量的增加，成本也在慢慢收回。因此，蛋鸡的保险金额一般随着产蛋量的增减变化而变化，也就是说，保额开始低，随着产蛋率的增加而增加，后期再随着成本的收回逐渐降低。

五、保险赔偿

蛋鸡保险的赔偿要按照家禽养殖保险的赔偿处理程序进行。也就是先核对保单，再进行现场查勘，确定保险责任，然后按照事先约定的保险赔偿计算办法计算赔偿数额，进行赔付。

蛋鸡赔偿的计算方法和每日的保险金额是承保时就事先确定好的。在保险期限内发生保险责任事故时，保险人清点死亡鸡的尸体数量，确定死亡时间和当日的保险金额，扣除免赔率和残值后进行赔偿。

同牲畜保险一样，如果保险责任范围内的死亡是由第三者造成的，被保险人应向第三者追偿。如果经过三个月未能追得赔款，可以由保险人先赔。被保险人向人民法院或有关部门提出诉讼或追偿请求，保险人方可先赔，同时被保险人将追偿权利移交保险人，并协助保险人向第三者追偿。

第十一节　水产养殖保险

一、什么是水产养殖保险

水产养殖保险是对利用水域进行商品性人工养殖的水生动植物在发生保险责任事故造成经济损失时，向被保险人提供经济补偿的一种养殖保险。保险对象主要有鱼类、贝类、虾类、蟹类、藻类等。

水产养殖保险大体上可以分为两类：一类是淡水养殖保险，是以人类利用淡水水域进行人工养殖的产品为对象的一种水产养殖保险；另一类是海水养殖保险，是以人类利用海水水域进行人工养殖的产品为对象的一种水产养殖保险。

相对于其他养殖业而言，水产养殖保险标的复杂多样，处于养殖过程中的水产品，受自然条件、地理环境的影响较大，各种水产品对养殖条件、养殖技术的要求都不相同。由于保险标的对生活环境、生产技术及条件要求较高，一旦发生风险灾害，损失很大。

水产养殖保险标的的复杂性决定了水产保险业务的复杂性。水产品保险标的一旦出险，防灾防损工作很难奏效，损失往往很大。比如，流失险的决堤，如果施救不及时，全池的鱼很快会随水逃走。而且，水产养殖保险标的生活在水中，发生死亡或流失，很难直接统计出损失程度，尤其是对排水设施不健全的池塘，大面积定损困难更大。

二、水产养殖保险的承保条件及主要险种

1. 承保条件

水产养殖保险标的的复杂性决定了水产养殖在承保时对保险标的的要求比较高。水产品的养殖方式，可以分为粗养和精养两种。

精养的水产品管理比较全面，一般有专人负责，按时投料、测温、消毒、防病治病等；粗养的水产品属于放任自流，没有专人管理。水产品的养殖方式，直接影响到水产品的损失率及死亡、流失状况。目前作为水产养殖保险对象的主要有精养和集约化养殖的鱼类、虾类以及少数贝类，对于大面积自然水域中粗养的一般不予承保，鱼苗一般不保。

水产养殖的风险大小与养殖场所的选址、建造和管理技术密切相关，水产品抗御自然灾害能力的强弱取决于人工养殖设施的优劣。不同的养殖方式承保条件有所不同，

对于淡水养殖而言，养成池必须处于当地警戒水位以上，养殖水面不少于15亩，选址与建造符合技术质量要求，水源充足，水质良好，有健全的防灾防损设施；投保的水产品必须无伤残、无疾病，在当地饲养2年以上，放养密度适宜。归属同一养殖者的成片水面必须全部投保。

海水养殖要求水质良好，无污染，最近2～3年没有发生过赤潮，避风条件好，养殖管理正常。

无论是海水养殖还是淡水养殖，在投保时必须注明养殖品种和产地来源，因为即使是同一品种，不同来源的水产品，它们的生活习性，对环境的要求可能完全不同。

2. 主要险种

我国开办的水产养殖保险业务主要为鱼类和虾类养殖保险。主要有池塘养殖保险、鳗鱼养殖保险、池塘养虾保险、网箱养鱼保险。

三、水产养殖的主要风险

1. 死亡

(1) 缺氧死亡。在夏秋季节高温、阵雨的低气压天气下，或发生海水赤潮时，水中的氧气不足，导致鱼类因为缺氧窒息而死。

（2）中毒死亡。养殖水源遭到污染，有毒废水的注入或有毒饵料的投放使鱼类致死。

（3）疾病死亡。养殖对象在生长过程中因患疾病或传染病而引起死亡。常见的鱼病有：①出血病，主要危害草鱼；②烂鳃病，主要危害草鱼、青鱼；③水霉病，危害各种鱼类；④肠炎病，危害幼龄草鱼、青鱼；⑤小瓜虫病，危害各种鱼类。

（4）冷冻死亡。一些喜温性鱼类在自然条件下越冬冷冻致死。

（5）其他原因，如触电、雷击、爆炸致死。

2. 流失

一些自然灾害或意外事故，像洪水、海啸、暴风、异常海潮引起池堤溃决或水面漫堤，造成鱼类逃逸；或是台风、海浪损坏网箱造成鱼的走失。

养殖对象死亡风险的大小与养殖管理中的防范措施关系密切，为预防和减少风险灾害的发生，养殖者需要加强饲养管理，增强鱼的抵抗力，改善鱼的生活条件，减少鱼病。

第十二节 水产养殖保险技术要点

一、保险责任和除外责任

1. 保险责任

（1）自然灾害责任。目前水产养殖保险主要承担因自然灾害造成的保险标的损失。自然灾害中的暴雨内涝、洪水、台风、热带风暴、海啸、海水淡化、龙卷风等均会造成保险标的的流失或死亡，可以作为保险责任承保。但这些灾害在有些地区可能每年都会发生，像我国东南沿海近几年每年都会发生大面积赤潮，由于过于频繁，风险发生几率太高，保险公司一般不在这些地区承保赤潮责任。

（2）意外事故责任。可承保他人投毒、投掷爆炸物，中毒、触电、雷击、气候反常的缺氧翻塘等原因造成的保险标的群体死亡损失。

水产养殖保险一般不将疾病作为保险责任来承担。这是因为，因疾病造成的损失过大，超过了保险公司的经营能力，而且，鱼病与被保险人的管理技术等人为因素密切相关，所以一般不作为保险责任。过去不少地方也曾承担过鱼类疾病死亡责任，但由于赔付率过高，出现了经营亏损，现在多数已经停办。

2. 除外责任

由下列原因造成的被保险人养殖的水产品损失，保险人不负赔偿责任：

（1）疾病、污染、地震、冷冻造成的损失。

（2）养殖场所建筑不符合要求引起的地基下沉、池堤破裂或倒塌造成的损失。

（3）观察期内因保险责任事故造成的损失。

（4）因抽水、排水、流水或投放药物浓度过大造成的损失。

（5）其他不属于保险责任的原因。

二、保险期限

我国水产品种类繁多，不同地域不同的保险标的生长周期各不相同。因此，水产养殖保险期限一般根据不同保险标的的养殖周期和不同的地域气候条件来分别确定。

养殖天数不足一年的按实际养殖天数确定保险期限，如鱼、虾等水产品一般为春末夏初放苗，至当年10～11月份捕捞，保险期限约为4～6个月；养殖周期在一年以上的通常按一年为保险期限，如甲鱼、鲈鱼等保险期限为一年。

水产养殖保险不论保险期限长短一般都会设定一个10～15天的

承保观察期，对观察期内的任何损失保险人不负赔偿责任。

三、保险金额

水产品的最终价值受到自然条件、经济条件、饲养管理方式和水平的影响，养殖者管理水平的不同带来水产品价值的差异；而且，水产品养殖保险的保险标的的价值在养殖生产过程中不断增加，受到市场价格波动的影响，水产品价值处于不断变化当中。因此，不同养殖者养殖的水产品以及处于不同生长阶段的水产品价值可能都不相同。所以在确定保险金额时，通常不是以保价值，而是以保成本为原则，在深入掌握当地养殖成本的基础上确定保险金额，为水产品养殖者提供最基本的保障。

养殖成本主要包括鱼苗费和饲料费。鱼苗费是一定的，饲料费则按照生长周期的实际总成本来确定。

四、赔偿处理

1. 查勘定损

同其他类型的保险一样，保险公司在进行赔偿之前，要对保险责任进行鉴定，以确认损失是否属于保险责任范围，防止骗取保险的行为发生。

保险期限内，保险标的遭受保险责任内灾害造成损失，被保险人提出索赔时，应向保险人提供保险单、损失清单及能证明灾害性质、发生原因、时间的有关部门的证明材料。

保险人对于自然灾害带来的损失进行查勘时，应首先确定属于保险责任范围的自然灾害是否确实发生。被列为保险责任的自然灾害有量和质的规定。比如：“暴雨”指连续 12 小时降水总量超过 30 毫米的暴雨淹没池堤塘基。而且，这些数据要以国家指定的具有法律效力的县以上的气象台实测的数据为准。

在对保险标的因缺氧浮头、中毒、触电等造成的死亡进行鉴定时，应根据出险持续时间以及标的尸体状况加以推断，注意与因疾病造成的死亡相区别。因疾病造成的死亡不属于保险责任。

在确定保险责任后，应采用一定方法，确定具体损失数量，为保险赔偿提供依据。对水产品养殖来说，确定损失数量的方法主要有两种：

（1）清池法。对于集约化水产养殖、排放水设施良好的养殖池以及小面积养殖池，可以采用放干池水清点死亡和存池数量进行核损。这种办法确定的死亡或流失数量比较准确，但是大面积的抽水清池费工费时，成本高，操作困难。

（2）捕捞法。对于水产品来说，死亡后尸体常常会浮出水面，被保险人可以将其打捞上来，核定死亡数量。但双方要事先约定，保险人只赔偿打捞上来的死亡标的，沉入水底的不予赔偿。这种方法使用比较普遍，但不适用于养虾保险的定损，因为虾死亡后一般不浮出水面。

（3）除了以上两种常用方法，抽样定损法和经验测损法也是核定保险标的损失的方法。在测定损失时，可以采用一种方法，也可以各种方法综合运用，再结合养殖记录资料，最后确定损失程度。

2. 损失赔偿

在确定风险灾害属于保险责任后，保险公司对损失进行赔偿。我们上面讲过，水产养殖主要根据养殖成本确定保险金额，由于在保险期内不同时期所花费的成本不同，随着养殖时间的增加，养殖成本也在不断增加，保险赔偿应根据不同时期的成本确定赔偿数额。

在根据成本确定赔偿数额时，可以采用以下几种方法：

（1）按保险金额的一定比例确定赔偿数额。可以根据不同时期保险成本投入量，分阶段确定赔偿额。比如：四大家鱼流失险全损的赔付比例为，2 个月内按保额的 20％赔付，4 个月内按保额的

35%赔付，6个月内按保额的50%赔付，8个月内按保额的60%赔付，10个月内按保额的70%赔付，12个月内按保额的80%赔付。

（2）对于一些养殖时间不太长的水产品，保险赔付数额可以具体到日。保险人根据成本投入规律，制定出一个日赔付表，确定保险期限中的每一天的赔付额。出险时根据实际养殖天数，查对日赔付表相应天数的赔付金额计算赔款。

（3）由于养殖成本可以分为鱼苗费和饲料费，鱼苗费是一次支付的，饲料费是在饲养中分开投入的，在确定赔偿额时应把它们分开计算，计算公式为：

赔款 =（种苗保额 +平均每天的饲料费×保险天数）×损失数量－免赔额－残值

水产养殖保险一旦出险，损失较大，在责任上不容易分清，损失程度也难以准确计算，为了督促养殖人员加强管理，养殖保险一般都有免赔率的规定，并且比其他养殖险定得高一些。

如果是保险标的因为他人投毒、水质污染造成死亡，依法应由第三者负责时，被保险人应向第三者追偿。如果经过三个月未能追得赔款，可以由保险人先赔。被保险人向人民法院或有关部门提出诉讼或追偿请求，保险人方可先赔，同时被保险人将追偿权利移交保险人，并协助保险人向第三者追偿。

第十三节 特种养殖保险

特种养殖业是近些年来发展起来的行业，在农业中所占比重较小，一般认为是对稀有的、经济价值较高的、未经长期驯化的野生动物的驯养，饲养量通常比较少。

按照动物分类学上的分类系统来划分，可以分为：特种兽类（如狗、果子狸）、特种禽类（鸵鸟、孔雀）、特种爬行类（如蛇、鳖)、特种两栖类（如牛蛙、蟾蜍)、特种鱼类（如鳗鲡、罗氏沼虾)、特种节肢动物（如蚯蚓)。

一、什么是特种养殖保险

特种养殖保险是以经济价值较高且未经长期驯化的野生动物的驯养或经过人工驯养的具有一定经济价值的动物为承保标的，为保险人提供灾害补偿的一种方式。

特种养殖业本身发展水平较低，养殖技术不太成熟，特种养殖保险相对于其他养殖保险，技术难度大，业务种类少。我国目前只有极少数保险公司试办过特种养殖保险，曾先后开展过养鹿保险、水貂保险、养貉保险等。

因为特种养殖保险开办比较少，各种保险技术不太成熟，我们只对这种保险做一下简单介绍。

二、特种养殖保险举例

我们对曾经开办过的养鹿保险、水貂保险、貉子保险做一下简单介绍。

1. 承保条件

投保人饲养超过一定数量，具有一年以上饲养经验；饲养场所选择合理，笼舍布局合理；按饲养标准进行饲养，并定期接受兽医部门的防疫指导，体检合格。

2. 责任范围

因自然灾害、意外事故、疾病死亡以及为防止传染病蔓延经政府命令捕杀的。

3. 保险金额

可以按照当时当地市场价格的一定成数承保，也可以按照投入的饲养成本承保，或者采取定额承保。

4. 赔偿处理

按照保额赔付，并扣除部分残值。

特种养殖保险业务试办时间不长，承保、理赔技术还很不成熟，需要根据实际发展情况进一步探索。

第八章　农业保险的实务管理

经营农业保险，保险公司需要做多项工作。如保险区划，保险费率的厘定，保险险种的开发，保险单的条款设计等等，都是保险公司在经营农业保险业务之前必须做的工作。但是作为投保人，农户们关心的是在参加农业保险过程中，自己需要做些什么。如何参与到农业保险中去，通过农业保险维护自身的利益。

本章将讲述在开展农业保险业务中，都有哪些步骤和规程，保险公司和农户们都应履行哪些手续，来确保保险业务的顺利实施。主要对农业保险的承保、理赔工作以及防灾防损措施做一些介绍。

第一节　农业保险的承保

农业保险的承保过程是保险人同被保险人签订保险合同的过程。保险中灾后的赔偿是根据保险合同的规定执行的，保险合同的签订是否严密，直接影响到能否达到为农业生产提供保障的目的。

保险承保分为保险展业和保险承保两个阶段。

一、保险展业

保险展业，就是拓展保险业务。保险人必须让被保险人参与到保险中来，向被保险人收取一定保费，建立保险基金，才能在风险灾害到来的时候，用多数人的钱办少数人的事，实现风险共担。为了扩大承保面，增加保费收入，建立雄厚的保险基金，保险公司需要进行下面的工作：

1. 调查预测

保险公司在承担一项保险责任之前，必须要对承保对象有一定的了解。不同地区有不同的自然环境，不同的种植业、养殖业种类及各种动植物对风险灾害有不同的抵抗能力，而且，不同的地区经济发展水平也不尽相同。保险公司在开展业务之前，必须对承保区域或地区的自然状况、经济状况、灾害发生频率等情况进行调查，充分考虑当地农户的支付能力和保险公司的经营能力。只有这样，才能设计出让双方都满意的保险条款，制定出合理的保险费率，使保险业务得以实施。

除了了解承保地区各方面的情况外，保险展业人员必须是经过业务培训的。应熟悉掌握各种保险条款、规章、制度、实务手续、费率以及承保手续，以便按规则办事，在需要的时候回答投保人提出的各种问题，使承保工作顺利进行。

2. 展业宣传

我国农业保险开办时间不长，范围也不够广泛。大部分农户对农业保险并不了解。为了将农业保险这种风险管理方式推广，保险公司应努力深入到农村中去，向每村每户每个村民宣传农业保险。

在保险业开办的早期，一些地方政府为实现农业保险经营的目的，用强制命令的方式强制农户投保，曾被农户们当作乱收费，引起了农户们的不满。农业保险应建立在农户自觉自愿的基础上，才能得到大家的支持，并得以健康发展。保险公司在宣传农业保险时，应结合党和国家有关农业保险的方针、政策、法规，向农户说明开办保险的作用和意义，努力从农户的利益出发，并使宣传工作生动活泼、通俗易懂。对于农户有关保险条款内容的疑问，更应积极主动、详细地给以解答，尽力使大家认可这种风险转移的方式，主动地参与到农业保险中来。

有一则报道：2002 年 7 月 19 日，一场出奇不意的冰雹将郑州及周边地区砸了个措手不及。这场冰雹，致使郑州市7.47万公顷农作物受损，其中2.72公顷绝收，给农户造成直接经济损失3.2亿元，个别农户倾家荡产。当向农户问及为什么不参加农业保险时，一些人说自己根本没有听说过农业保险，村里也没有组织过。可见，农业保险还需要进一步加强宣传，让更多的人能够知道。

3. 协助投保人办理手续

农户如果有参加保险的需要，就要进行投保。投保手续中的一个重要环节就是填写投保单。

投保单是投保人向保险人申请订立保险合同的文字依据之一，也是保险人签发保单接受投保的重要依据。投保单条款内容是由保险公司根据业务需要设计好的，但保单的一些具体项目，比如投保数量、品种、投保人等等需要农户来填写。在我国，许多农户可能是第一次参加农业保险，对农业保险办理手续并不了解，需要保险公司人员给予帮助。当农户有疑问时，保险业务人员应给予耐心详细地解释，让投保人弄清楚保险责任范围，掌握保险期限、保险产量、保险金额等栏目的计算方法，使投保人根据自己的需要进行投保。

以下是投保单的样本，大家可以作为参考，了解投保单内容。

种植业保险投保单

投保人：________ 地址：________ 保单编号：________

兹将下列种植的__________向中国人民保险公司投保种植业保险。

种植年度	亩（株）数	单位保额	保额合计	费率	保险费	种植地点	备注
总保险金额（大写）					￥：		
保险费总计（大写）					￥：		
保险期限　自　年　月　日零时起至　年　月　日24时止							
注：本保险单在未经保险公司同意或未签发保险单之前，不发生保险效力。签发日期：　复核：					投保人（单位）签章 年　月　日		

二、查勘承保

1. 审核投保手续

投保单是农户根据自己的需要填写的，在向农户宣传农业保险，并帮助投保人根据他们的需要填写投保单后，保险公司应当对投保单的填写情况以及保险标的是否符合承保要求进行审核，以确定是否给以承保。

农户并不是专业保险工作人员，在填写保单时可能会有漏填、错填的情况，这就需要保险业务人员对接收到的投保单进行审核，检查填写内容是否与条款有关规定相符，如果保单填写不正确，应及时跟投保人沟通，对投保单进行修改或重新填写。

保险公司对承保的保险标的有一定的要求，正如我们前面讲的，保险公司对有些品种的动植物或本身有疾病的动植物是不予承保的。为了承保符合条件的保险标的，保险公司要对农作物品种、动物的投保数量、健康状况、养殖环境、饲养水平等问题进行调查，对不符合规定的保险标的不予承保。

在对各项手续审核完毕后，符合承保要求的，应让投保人签字盖章，然后交给总公司，完成投保工作。

2. 签发保单

在我国，凡是按照总公司、省公司下发条款进行承保的，必须使用统一印制的种植业保险或养殖业保险单。总公司收到投保单、明细表等有关单证后，要再次进行审核。在确保各种单证齐全，栏目填写正确后，保险公司同意承保要求，并缮制保单。

缮制保单分为正、副本，要做到内容完整、字迹清楚、准确，制好的保单要有缮单员的名章，并在正本背面粘贴保险条款。保险单必须在保险生效日期前缮制完毕。

保险单制好后，也要交由复核员进行复核，确定无误后，在保险单各联加盖业务专用章和名章，条款粘贴处加盖骑缝章。

保险单、保险费用专用发票经加盖印章后，由展业人员向被保险人收取保险费，并将保险单正本、保险费专用发票送交被保险人，完成后将保险费带回公司。公司将保费入账后，再将保险单副本、投保单、明细表按顺序整理归档。

归纳起来，承保工作主要经过下面几个步骤：填写投保单、审核投保单、签发保险单、收取保费，最终完成整个承保手续。

以下是保险单的样本，大家可以作为参考，了解保单内容。

例一：

苹果保险保险单（正本）

投保人：________________地址：________________

根据苹果保险条款，本人愿意将下列苹果向中国人民保险公司投保苹果保险：

保险户数	保险亩数	承保比例	前两年平均亩产量	每亩保险金额	总保险金额	费率	总保险费
总保险金额：人民币（大写）							
总保险费：人民币（大写）							
保险期限：自　年　月　日零时起至　年　月　日 24 时止							
说明：1. 本保险单附明细表　张； 2. 每亩保险金额按前两年平均亩产量（最高不超过 1500 公斤）的六成乘以每公斤 0.6 元计算。							

负责人：　　复核：　　签单：　　保险公司或代办单位章：

年　月　日

养殖业保险的保险单与种植业相似：

例二：

牲畜保险单（正本）

被保险人：＿＿＿＿＿＿＿＿　　**地址：**＿＿＿＿＿＿＿＿＿＿

类别	数量	性别	畜龄	特征	保险金额							费率	保险费							备注
					万	千	百	十	元	角	分	%	万	千	百	十	元	角	分	
合计																				
合计总保险金额（大写）													¥							
总保险费（大写）													¥							
保险期限1年　自　年　月　日零时起至　年　月　日24时止																				
注意： 收到保险单后请核对，如有错误请通知更正。													保险公司或代理处 签章 年　月　日							

三、投保过程中农户要注意的问题

作为一种风险管理方法，农业保险业在我国起步较晚，农民对农业保险了解比较少，在参加农业保险时有一些问题需要注意。

第一，参加保险是出于对风险回避的需要，农民在农业生产过程中，希望将可能遇到的风险灾害进行转移，才应当考虑参加农业保险。农民有决定自己是否参加保险的权利，在投保时，应努力维护自己的利益，考虑自己的需要。这就需要农户们仔细阅读有关的保险条款，看条款中规定的保险责任、保险期限、保险金额的设计是否合理，保险费率的规定是否在自己的能力范围内，从总体上感觉条款的规定是否公平，能不能满足自己的需要。只有确定参加保险能够为自己带来利益，解决自己生产过程中的后顾之忧时，再填写保单，进行投保。

第二，参加农业保险不应当是被动的，不一定要等到保险公司做宣传再考虑投保，如果农户认为有需要，可以自己找到保险机构，进行投保。我国经营农业保险业务的公司主要有三家，即中国人民保险公司、中华联合保险公司、上海安信农业保险公司。这些公司在一些地区设有分支机构，农户们可以通过多方打听，向农业管理部门询问等方法，找到这些机构的联系方式，与他们取得联系，参与农业保险。

第三，对于保险公司缮制的保险单，不能因为保险公司核查过就不再检查。在交纳保费前，农户自己也应当根据条款规定进行核查和计算，认为保险单内容正确无误后，再交纳保费。

第二节　农业保险的理赔

一、什么是保险理赔

保险理赔，是指保险合同约定的保险事故发生后，被保险人向保险人提出赔偿，保险人按合同履行赔偿责任的行为过程。

保险人和被保险人前期做的一系列工作，都是为了预防灾害发生带来难以承受的损失，所有的条款和约定，都是为了使理赔工作得以顺利地实施。理赔工作是发挥保险职能和作用的具体体现，直接关系到保险人的信誉和保险业务的质量，是保险业务中重要而复杂的一项工作。

二、保险理赔工作的原则

为保证被保险人的利益和保险人的信誉，在长期的保险实践中，形成了保险理赔工作必须遵循的几项原则：

1. 重合同、守信用

保险合同是保险人和被保险人事前的约定，二者之间的权利和义务是通过保险合同来实现的，保险合同受到法律的保护。在实施保险理赔工作时，应该严格按照合同中的有关条款的规定办理。

2. 保险赔偿坚持“主动、迅速、准确、合理”的原则

这是我国社会主义保险实践中提出的关于理赔工作的八字方针。“主动”，指保险人应主动深入现场开展理赔工作；“迅速”，指保险人按法律规定的时间，及时给予赔付，不拖延时间；“准确”，指保险人在调查研究的基础上分清责任，准确核定赔款数额，不惜赔，不滥赔；“合理”，指在处理有关赔案时，应结合具体的案情确定责任归属，既严格按照条款办事，又结合实际，有一定的灵活性，实事求是。

3. 近因原则

造成保险标的损失的原因可能是多种多样的，在进行保险理赔时，为理清保险责任，应找出造成损失的最主要的、直接的、决定性的原因，也就是近因。近因是决定保险人是否承担保险责任的重要因素，凡是造成危险的近因属于保险责任范围的，原则上由保险人承担赔偿责任。

三、理赔工作程序

有关理赔工作程序，我们在讲种植业和养殖业保险技术要点时已经提到，一般来说保险人在接到农户的出险通知后，需要进行以下工作：

1. 立案

保险人在接到出险通知后，不论是否应该赔付，都应当编号立案。在立案时，将被保险人名称、保单号码、出险日期、出险原因、出险地点、损失概况详细记录下来，并请被保险人填写“出险通知书”。

2. 核查保单

立案后，应对保单进行核查。将保单与保单副本对照，检查索

赔人出具保单的真伪，看有没有进行过涂改，是否在有效期内，并要求索赔人出示有关单证，比如所有权证明、损失证明、账册等。

在核查单证中，应看清楚保险事故是否属于保险责任，事故发生的时间、地点是不是与保单上列出的时间和地点一致，提出索赔的申请人是否具有获得赔偿的权利。如果事故不属于保险责任，或者索赔人无保险利益，则无权索赔。

在核查保单无误，并初步确认属于保险责任后，保险公司安排分管人员进行现场查勘。

3. 现场查勘

为了进一步了解出险情况，获得第一手资料，保险公司需派专人进行现场查勘。

在进行现场查勘时，要做到以下几点：

（1）进行现场查勘，必须两人同时出现场、见实物。根据受损情况，有必要的话，可以聘请有关农业技术部门的专家一起赶赴现场。

（2）出现场前，保险公司人员应做好准备工作。应了解保险标的的承保情况，如保险期限、承保地点、保险金额、保险数量等，做到心中有数；应携带必要的查勘工具、救护用具，如照相机、皮尺、查勘记录表等。

（3）向被保险人或其他知情人询问事故发生的情况，并要求被保险人提供出险证明，事故处理报告和有关单证。出险证明应按照保险条款的要求，由政府有关部门或专业技术部门出具，包括时间、地点、原因、有关技术性数据及责任认定或裁决意见等。

（4）对农作物受灾现场进行查勘时，应查看农作物受灾后的特征，判断受灾原因、时间、地点等情况是否与报告相符，对动物进行查勘，应结合查看医药单和兽医诊断结果，区分保险责任与非保险责任造成的损失。

进行现场查勘后，要根据现场查勘的实际情况及时编写“查勘报告”，以便对保险责任进行审核。

4. 责任审核

责任审核是指在掌握案情资料的基础上，通过现场查勘进行判断，从而确定保险人的赔偿责任和赔偿范围的过程。

审核保险责任，应严格按照保险条款所列举的责任范围和除外责任，全面分析造成保险事故的主客观原因，准确判断责任。

在审核中，需要注意以下几个问题：

（1）注意赔付的范围是否符合保险条款规定。凡不属于赔付范围的，都应给予剔除。

（2）注意条款中有没有规定对施救费用进行赔付，如果赔付，注意分析施救花费是否合理、必要。

（3）发生保险责任范围内的损失，应当由第三者负责赔偿的，被保险人应要求第三者赔偿。如果被保险人暂时无法得到第三者的赔偿，保险人可以按照保险条款的规定，先给予赔偿。但是被保险人也必须协助保险人向第三者追偿，必要时通过法律解决。

5. 确定赔偿金额，给付赔款

在核定保险责任后，保险公司就要对损失进行计算，确定损失程度，并按照赔款计算公式计算赔偿金额。

在确定赔偿金额后，保险人将审定后的赔款计算书给被保险人过目，如果双方达成一致，被保险人即可办理领款手续，并在赔款收据上签字，保险人付款。

四、保险理赔中农户注意的问题

出险后，理赔工作不仅仅是保险公司的事情，能否顺利进行，直接关系农户的切身利益。所以，农户应当协助保险公司实施理赔工作。

（1）出险后，农户应当及时进行抢救，尽量减少损失。对于因为没有采取一定措施而造成的损失，保险公司一经核实，不予赔偿。

（2）为了让保险公司准确查明原因，尽快得到应有的赔偿，农户还应当保护好出险现场，以便于保险公司进行现场查勘。同时，还应根据需要提供相应单据、证明，协助保险人的调查。

（3）虽然对于损失的计算是由保险公司来执行的，但是为了维护自身利益，农户也应当按照赔款计算公式计算赔款额，避免少赔、漏赔现象的发生。

第三节　农业保险的防灾防损

一、为什么要进行防灾防损

农业保险的防灾防损是指保险双方为预防和减少灾害事故的发生以及所造成的损失，而采取的各种有效措施。

保险能够帮助农户转移生产中的部分风险，但这并不等于风险灾害不发生了，只是这些灾害带来的损失不是由农户个人承担，而是由保险公司和农户个人分别承担一部分。所以，为了减少灾害带来的损失，即使参加了农业保险，也同样要加强防灾防损工作。防灾防损，减少社会和人民生命财产的损失是全社会的责任。

防灾防损有以下几个方面的作用：

（1）有利于减少社会财富的损失，减少人民生命财产的损失。这个作用是显而易见的。通过防灾防损工作，防患于未然，可以减少灾害事故的发生，降低它造成的毁坏程度，消除威胁人民生命安全的隐患，从而减少社会财富的损失，防止或减轻灾难给人们带来的痛苦，维护人民生活的安定。

（2）可以降低保险费率。我们前面讲到，保险费率主要是根据保险标的的损失率确定的，通过加强防灾防损工作，降低损失率，从而也使保险费率降低。保险费率的降低可以减轻被保险人的负担，使更多的人参加到农业保险中来。

(3) 有利于保险企业提高经济效益。防灾防损工作减少了保险标的的损失率和损失程度，减少了保险公司的赔款数量，提高了企业的经营效益。

二、防灾防损工作的主要内容

虽然对各种灾害都有相应的部门来管理，防火是消防部门的职责，防洪是水利部门的职责，防盗、防疫、防震等都有自己的管理部门，保险公司不是防灾防损的主要部门，但这项工作直接关系到保险公司的经营，应该引起重视。

防灾防损的工作内容包括以下几项：

1. 开展防灾防损工作宣传，普及防灾知识

有很多灾害的发生，是因为人们缺乏防灾知识，疏忽大意造成的。比如森林火灾、动植物疾病等，通常都是由于人们防灾意识淡薄，在工作中操作不当或不慎引起的。

为了调动广大农户防灾防损的积极性，要加强防灾、防病等方面的宣传，强化人们的防灾意识，使人民引起重视，改进生产方式方法。对一些基本的防灾知识，可以采取农民喜闻乐见的形式，比如通过图片、小故事等方法，讲述一些防灾的方法和常识，加强防灾意识。增加防灾知识的工作不是一朝一夕的事情，需要长时间坚持进行，才能收到效果。保险公司要将宣传工作形成制度，做到经常化、规范化、程序化。

2. 制定防灾防损计划

为了使保险公司和每个农户的防灾防损工作落到实处，保险公司制定防灾防损计划，明确保险双方防灾防损工作关系，明确各个岗位

应尽的职责，规范防灾防损的工作程序，使工作有条不紊地进行。

制定防灾计划的关键是建立防灾责任制，明确每个岗位人员的责任和义务，使防灾工作规范化、制度化。一般采取定人定点分片包干的办法，集定点联络防灾报灾和灾后理赔于一体，实现保险、防灾、赔付一条龙服务。

3. 建立防灾档案，开展防灾防损检查

保险公司为每个投保户建立防灾档案，掌握保险标的的风险状况。保险人收集大量有关风险标的的资料，并对保险标的进行实地查勘，预测某一时期内灾害事故发生的可能性和灾害发生后造成损失的可能性。对总保额达到一定数额，或者特别危险的保险标的，逐户建立防灾档案，以便随时了解情况。

为督促被保险人积极防灾防损，保险公司对承保标的所处的环境定期或不定期地进行防灾防损检查。尤其是对保额大和特别危险的保险标的，更应仔细检查，及时发现隐患。对于防灾防损工作不到位的农户，及时提出整改措施和建议，督促和协助被保险人消除危险因素。

4. 参与抢险救灾，保护人身和财产安全

保险公司在接到出险通知后，应及时派人赶往受灾现场，协助被保险人和有关抢险部门，积极参与抢险救灾工作，尽量减少损失。

5. 通过条款和协议明确被保险人的义务

防灾防损不仅和保险公司的利益有关，也直接关系到农户自身的利益，并且，保险标的的生长环境是由农户们创造的，每个被保险人也有参与防灾防损的义务。

保险公司一般通过保险条款约束被保险人的行为，事先规定被保险人的义务，如果被保险人不履行条款规定的义务或故意造成保险标的损失，保险公司可以视具体情况，终止保险责任或者拒绝赔偿损失。保险公司实行不足额承保，规定一些保险除外责任，也是为了防止被保险人因为参加保险就对生产经营马马虎虎的行为发生。

而且，为明确责任，保险公司在承保时，可以与防灾重点保户签订《防灾防损协议书》，使保险双方防灾防损工作法律化，促进被保险人强化防灾防损意识，切实落实防灾措施，减少社会财产损失。

三、防灾防损的方法

1. 种植业防灾防损的方法

种植业与大自然打交道比较多，在防灾防损中，主要采取以下措施：

(1) 合理安排农作物生产。每种农作物都有自己的生长特性，有它们适宜的生长环境，将农作物放在它不适宜的生长地点，自然会遭到更多自然灾害的侵袭。无论是在品种的选择上还是在种植过程中，农户们都应当充分考虑农作物本身的特点，实行科学种植，科学管理，合理利用当地的气候、地理环境，趋利避害，取得农产品的稳产高产。

(2) 加强防灾防损的基础设施建设，采用新技术为防灾防损服务。很早以前，我国就通过兴修水利，营造护田林等方法，为农业生产提供条件，创造环境。今天，更应总结经验，利用新技术、新方法，为农业生产服务。现在用炮弹打入雹云、驱走雹灾，使用各种农药防止病虫灾，进行人工降雨都是在利用先进的科学技术为农业生产提供服务。

(3) 灾后加强田间管理和精耕细作。农作物有一定的自我恢复能力，灾后加强管理和精耕细作，尽快恢复生产环境，能够利用农作物自身的调节和再生能力，使作物生理机能更加旺盛和活跃，促进农作物的自我恢复，减少灾害带来的损失。

2. 养殖业防灾防损的方法

与种植业相比，养殖业需要更多的专业知识和技术，风险控制也相对较难。养殖业防灾防损的工作，必须贯彻“预防为主，以治为辅，防保结合”的方针。

疾病、自然灾害和意外事故都是养殖业生产中遇到的风险，其中，以疾病最为常见，带来的损失也最大。我国政府特别注意对动物疾病的防治，1998 年 1 月 1 日，颁布《中华人民共和国动物防疫法》（简称《动物防疫法》）和有关防疫、防病的管理办法，要求保险条款中必须按照《动物防疫法》的规定，对投保标的防疫条件和检疫标准作出明确规定。《动物防疫法》将动物防疫防损工作纳入了法制轨道，保险公司人员在开展业务时，自己必须先熟悉有关法律，按规定办事。

养殖业防灾防损工作要做到以下几点：

（1）加强饲养管理。饲养环境对动物疾病的产生和蔓延至关重要，加强饲养管理可以提高畜体的免疫力，减少传染病发生。在饲养过程中，应保证饲料、水及畜舍的清洁，有必要的话，对畜舍进行定期消毒，减少疾病发生的可能性。

（2）加强疾病防治和检疫。对一些动物疾病，可以通过定期注射疫苗的办法，使动物产生抗体，加以预防。除此以外，还要对动物进行定期检查，及时发现异常情况，及早预防和治疗。

（3）合理处理病畜。发现传染病，立即上报疫情，查明病情，实行紧急接种，病畜和健康畜应隔离，并对畜舍进行严格消毒，防止疾病的蔓延。死亡的病畜，不能随便抛弃，应高温煮沸的必须高温煮沸才能上市；患有严重传染病的必须焚烧、深埋。

防灾防损对保障社会财富和人民财产有着重要意义，是一项时时刻刻都应当受到重视的工作。保险公司和农户应共同努力，相互协作，尽可能地降低灾害发生的可能性，减少风险灾害损失。

参考文献

1. 郭晓航．农业保险［M］．中国金融出版社，1995.
2. 庹国柱，李军．农业保险［M］．中国人民大学出版社，2005.
3. 龙文军．谁来拯救农业保险［M］．中国农业出版社，2001.
4. 郭得生．农业保险［M］．中国金融出版社，1990.
5. 任素梅．农业保险概论［M］．中国农业出版社，1995.
6. 孙荣．农业保险新论［M］．西南财经大学出版社，1994.
7. 李嘉华．保险学概论［M］．中国金融出版社，1983.
8. 张洪涛．保险学［M］．中国人民大学出版社，2000.
9. 许谨良．保险学［M］．上海财经大学出版社，2001.
10. 庹国柱．保险学［M］．首都经济贸易大学出版社，2004.
11. 陈年红．我国农业自然灾害和农业保险问题研究［J］．农业经济问题，1996（8）．
12. 尹成远．国际农业保险的成功经验对我国的启示［J］．国际金融研究，2006（3）．
13. 姜春海．我国农业风险管理的问题与对策［J］．湖南经济，1994（4）．
14. 黄正军．中国农业保险市场失灵的成因探讨［J］．社科纵横，2006（4）．
15. 陈善毅．我国现代农业的风险管理［J］．皖西学院学报，2003（1）．
16. 张国华．发展农业政策性保险［J］．金融理论与实践，2005（2）．